20 ANS D'AVEUGLEMENT

LES ÉCONOMISTES ATTERRÉS

20 ans d'aveuglement

L'Europe au bord du gouffre

Ouvrage coordonné par
BENJAMIN CORIAT, THOMAS COUTROT,
HENRI STERDYNIAK

ÉDITIONS LES LIENS QUI LIBÈRENT

ISBN : 978-2-918597-32-2
© Les Liens qui Libèrent, 2011

Introduction

Réforme du traité :
une Europe plus solidaire…
avec les marchés ?

Entré en vigueur depuis à peine plus d'un an, le traité de Lisbonne doit déjà être réformé d'urgence. Il interdit en effet aux pays de la zone euro de venir en aide à un pays membre. Or, au printemps 2010, il a bien fallu improviser en catastrophe un Fonds de stabilité financière pour permettre à la Grèce, puis à l'Irlande, de continuer à honorer le service de leur dette publique. Cette violation manifeste du traité a été critiquée par la Cour constitutionnelle allemande, qui a exigé sa refonte afin de le mettre en conformité avec la réalité. Cependant, les réformes annoncées ne vont pas seulement pérenniser le Fonds, rebaptisé Mécanisme européen de stabilité ; elles vont aussi – et surtout – pérenniser la tutelle des intérêts financiers sur les politiques économiques des États européens.

La « discipline des marchés » a fait faillite...

L'étrange clause de « non-sauvetage » (*no bail-out*), introduite dès le traité de Maastricht qui a fondé l'euro, semble incompréhensible au citoyen ordinaire. Pourquoi interdire aux États qui unissent leurs monnaies de s'entraider ? En fait, cette clause reflète l'obsession néolibérale d'imposer aux États la discipline des marchés financiers. Avec l'interdiction (prévue par le même traité de Maastricht) de recourir à la Banque centrale européenne pour financer leurs déficits, les États ont été contraints d'emprunter sur les marchés. Il leur faut donc satisfaire aux critères et aux exigences de l'industrie financière et des agences de notation. Interdire l'aide entre États, c'est obliger chacun à se présenter seul devant le tribunal des marchés et à respecter rigoureusement leurs lois : réformes fiscales favorables aux revenus du capital, baisse des dépenses publiques, flexibilité, privatisations... Les marchés puniront tout État « laxiste » par des taux d'intérêt élevés (la prétendue prime de risque) qui l'obligeront à revenir dans le droit chemin.

Ce brillant dispositif s'est effondré avec la crise financière. Celle-ci l'a démontré une nouvelle fois : les marchés financiers n'étant ni efficients ni rationnels, il est aberrant de leur confier la tutelle des politiques économiques des États. Comment attendre de marchés spéculatifs, instables, moutonniers, errant de booms en krachs, qu'ils disciplinent quoi que ce soit ? Pourtant,

Réforme du traité

aucune leçon n'a été tirée de cet échec prévisible et annoncé. Avant 2008, les déficits budgétaires étaient contenus, même si les réformes fiscales favorables aux hauts revenus avaient érodé les recettes des États. C'est la crise financière qui a dramatiquement creusé la dette et les déficits. Et c'est encore à la finance dérégulée que l'on demande de financer les déficits qu'elle a provoqués!

Un cas particulièrement délirant est celui de l'Irlande, décrit par Benjamin Coriat dans sa contribution : son brutal plan d'austérité vise à financer le renflouement des banques irlandaises pour que leurs frasques ne coûtent pas un centime d'euro à leurs créanciers, et principalement aux banques européennes. Le cas grec n'est pas mal non plus, où le FMI et la Commission européenne imposent privatisations, baisse des salaires et des pensions, facilitation des licenciements… encore et toujours pour garantir aux créanciers le remboursement rubis sur l'ongle de la dette publique.

La crise de la zone euro traduit le caractère inadapté des mécanismes de coordination économique existants – le Pacte de stabilité et de croissance – et l'absence d'une vraie solidarité financière, ce que montre bien Henri Sterdyniak dans sa contribution. Le Conseil européen des 24 et 25 mars 2011 aurait dû en tirer un bilan lucide. Au contraire les chefs d'Etat et de gouvernement se sont refusés à prendre le tournant nécessaire et enfoncent encore plus l'Europe dans une impasse : renforcement du Pacte de stabilité, réductions aveugles des dépenses publiques et sociales, mise en concurrence des salariés européens au nom de la compétitivité, refus d'une solidarité suffisante avec les pays en difficulté.

Comme nous l'expliquions dans le *Manifeste d'économistes atterrés*[1], l'origine du problème réside dans la conception même de la gouvernance économique européenne. Certes, il existe une coordination des politiques économiques, mais elle privilégie la concurrence au détriment de la coopération. La financiarisation débridée des économies, le dumping fiscal et salarial entre pays européens, la rivalité pour attirer les capitaux ont abouti à cette curiosité historique : une monnaie unique entre des pays en guerre économique les uns contre les autres. Guerre remportée pour l'instant par l'Allemagne, qui dégage d'énormes excédents commerciaux, basés sur une austérité salariale sans faille – une véritable «déflation compétitive». Mais ceux qui vantent le succès de la politique allemande oublient que sa généralisation à toute l'Europe – réclamée par M. Trichet, pour qui les hausses de salaire sont en tout temps et en tout lieu «la dernière bêtise à faire» – réduirait à néant l'avantage compétitif de l'Allemagne et plongerait toute l'Union dans la dépression.

1. Philippe Askenazy, Thomas Coutrot, André Orléan, Henri Sterdyniak, *Manifeste d'économistes atterrés*, Les Liens qui libèrent, 2010.

Réforme du traité

...mais il faudrait encore la renforcer

Que proposent donc les autorités européennes pour remédier au vice de conception des traités actuels? Les dirigeants de l'Union, la Commission et le FMI prétendent accroître la solidarité entre les pays de la zone euro en pérennisant le Fonds de stabilité. Curieuse solidarité, en vérité. Loin de redonner aux États une marge de manœuvre face aux marchés financiers, cette réforme vise à renforcer la discipline que les marchés n'ont pas su – de par leur totale irresponsabilité – imposer. Les traités européens voulaient soumettre les États à la discipline des marchés. Maintenant que ceux-ci ont montré leur incapacité à se discipliner eux-mêmes, il s'agit non de les mettre hors d'état de nuire, mais de suppléer leurs mécanismes défaillants par des mécanismes politiques (les fameuses « conditionnalités ») qui imposeront directement aux États les objectifs de la finance.

La spéculation provoque des crises, et donc des déficits. Les « marchés » n'aiment pas les déficits? On va tous ensemble renforcer la pression sur les dépenses sociales et introduire dans les Constitutions l'obligation de l'équilibre budgétaire. La spéculation provoque des hausses des prix des matières premières et agricoles, et les salariés revendiquent. Les « marchés » n'aiment pas les hausses de salaire? On va tous ensemble aggraver l'austérité salariale. Si « solidarité » il y a, c'est avec l'industrie financière.

Telle est la signification réelle des innovations institutionnelles aujourd'hui en débat : la pérennisation du Fonds de stabilité, la surveillance réciproque des politiques budgétaires (procédure dite du «semestre européen») et le renforcement de la «gouvernance européenne». Trois remèdes qui aggravent le mal (voir les encadrés ci-dessous).

«Mécanisme européen de stabilisation» ou de punition ?

Le Fonds européen de stabilité financière (FESF), créé en mai 2010, a été autorisé à emprunter 750 milliards d'euros sur les marchés financiers pour venir en aide aux pays attaqués par ces mêmes marchés. Il était supposé avoir une existence de trois ans seulement, l'aide apportée était très fortement conditionnée à la mise en œuvre de plans de réduction des déficits publics, et les taux pratiqués étaient très élevés (5 à 6 %), incorporant une prime de risque. C'est paradoxal, puisque le Fonds, considéré par les opérateurs financiers comme aussi sûr que l'Allemagne, empruntait à un taux faible, proche de 3 %. Mais, comme le soulignait en janvier 2011 John Monks, le président de la Confédération européenne des syndicats, dans une lettre adressée à la Commission, ces conditions, ajoutées aux brutaux plans d'austérité et de

Réforme du traité

privatisations, ressemblent «aux clauses de réparation (punition) du traité de Versailles» et «réduisent les pays membres à un statut quasi colonial». Accusation lourde de signification quand on se souvient que ce traité humiliant, imposé en 1919 à l'Allemagne et dénoncé alors par Keynes, a débouché sur la prise du pouvoir par les nazis quelques années plus tard...

Pour pérenniser le Fonds de stabilité, le Conseil européen doit donc adopter une réforme *a minima* du traité de Lisbonne qui consiste à ajouter à l'article 136 : «Les États membres dont la monnaie est l'euro peuvent instituer un mécanisme de stabilité qui sera activé si cela est indispensable pour préserver la stabilité de la zone euro dans son ensemble. L'octroi, au titre du mécanisme, de toute assistance financière nécessaire, sera subordonné à une stricte conditionnalité.»

Semestre européen : resserrer l'étau

La Commission a introduit, avec l'accord du Conseil, une procédure de surveillance mutuelle qualifiée de «semestre européen» : au premier semestre de chaque année, les États membres présentent leurs politiques budgétaires, de court et de moyen terme, et leurs projets de réformes structurelles à la Commission et au Conseil européen, qui donnent leur avis, avant le vote des Parlements nationaux au second semestre. Ces derniers seront donc plus ou moins contraints par les décisions prises au niveau européen.

Un tel processus pourrait être utile s'il s'agissait de définir une stratégie économique pour l'emploi et les investissements écologiques. Mais, en réalité, il s'agit d'accroître les pressions en faveur de politiques d'austérité budgétaire et de réformes libérales. On le voit aujourd'hui : la Commission a lancé des procédures de déficit excessif (PDE) contre la plupart des pays de la zone, mais elle ne demande pas à ceux qui ont des marges de manœuvre d'accroître leurs dépenses ou leurs salaires pour compenser les efforts que font la Grèce, l'Irlande ou l'Espagne.

La Commission prône un «assainissement budgétaire rigoureux» : le rétablissement des finances publiques reste donc prioritaire par rapport à celui de l'emploi. Elle demande une «correction des déséquilibres macroéconomiques», par la modération salariale dans les pays déficitaires, par la libéralisation des services et des commerces dans les pays excédentaires, mais jamais, nulle part, par des hausses de salaire. Elle recommande aussi de favoriser la «stabilité du secteur financier» (mais sans couper les ailes de la spéculation), de «rendre le travail plus attractif» (comme si le problème

Réforme du traité

actuel était que les salariés refusent de travailler), de «réformer les systèmes de retraite» (pour réduire les coûts et favoriser les fonds de pension, malgré la crise financière permanente!)… Le tournant écologique, la réforme fiscale progressiste, la politique industrielle, la convergence sociale par le haut restent les grands oubliés de ce semestre.

Une «gouvernance économique» pour tirer vers le bas

En septembre 2010, la Commission a présenté un ensemble de propositions visant à radicaliser la logique du Pacte de stabilité et de croissance, qui a pourtant totalement échoué. Le projet maintient la limite de déficit budgétaire à 3 % du PIB, l'objectif d'équilibre à moyen terme et la contrainte de réduire les déficits structurels d'au moins 0,5 % par an. Les pays dont la dette dépasse 60 % du PIB pourront être soumis à une procédure de déficit excessif (PDE) s'ils ne diminuent pas rapidement leur dette. Ils encourront une amende de 0,2 % de leur PIB.

Non contente d'avoir une Banque centrale indépendante de tout pouvoir démocratique, la Commission propose la création d'une «institution budgétaire indépendante» qui vérifierait le respect des règles budgétaires européennes.

Afin d'assurer la quasi-automaticité des sanctions, elle réclame qu'une majorité qualifiée soit exigée au Conseil pour s'opposer aux mesures et aux sanctions qu'elle préconise. La Commission se propose de surveiller les déséquilibres macroéconomiques excessifs en suivant un tableau de bord de variables (coût salarial, déficit extérieur, dettes publique et privée) parmi lesquelles le taux de chômage ne figure évidemment pas. Mais la surveillance ne tirera que vers le bas : on ne sanctionnera pas les pays qui pèsent sur les autres par des politiques budgétaire et salariale trop restrictives. On ne les incitera pas à accroître leurs salaires ou leurs dépenses publiques pour converger par le haut avec d'autres pays. La Commission conserve sa vision néolibérale : il lui faut contrôler des États membres gaspilleurs et indociles. Peu importe que la crise ait montré la responsabilité écrasante de la finance dans l'instabilité économique.

Le gouvernement allemand, avec l'aide de la France, fait de la surenchère avec son projet de Pacte de compétitivité pour la convergence – une belle contradiction dans les termes. En échange de sa participation au Fonds, l'Allemagne veut ainsi avoir un droit de regard sur les institutions et les stratégies des autres pays. Il s'agit là encore de renforcer la concurrence au sein de l'Union. Le Pacte de compétitivité permettrait notamment

Réforme du traité

la suppression de l'indexation des salaires sur les prix, l'ajustement de l'âge de la retraite sur l'espérance de vie, l'introduction dans les Constitutions d'un plafond à la dette...

D'autres politiques vraiment solidaires sont possibles

Jusqu'à présent, les décisions et les projets évoqués n'ont même pas suffi à rassurer les marchés financiers. À la mi-février 2011, les taux imposés par les marchés pour les titres à 10 ans étaient de 3,2 % pour l'Allemagne, de 3,55 % pour la France, mais de 4,8 % pour l'Italie, de 5,35 % pour l'Espagne, de 7,45 % pour le Portugal, de 9,1 % pour l'Irlande et de 11,7 % pour la Grèce. Les marchés financiers anticipent une cessation de paiement de ces derniers pays et certains opérateurs misent sur un scénario d'éclatement de la zone euro. Pour continuer (pendant combien de temps ?) à honorer leur dette, les pays attaqués doivent supporter des taux d'intérêt élevés, adopter l'austérité budgétaire et réduire leurs salaires afin de rétablir leur compétitivité. Cela les condamne à une longue période de stagnation et de chômage qui empêchera *in fine* une réelle réduction des déficits.

Le débat sur la gouvernance économique peut-il faire l'impasse sur les leçons de la crise ? Comme Henri Sterdyniak le rappelle ci-après, celle-ci est due à des stratégies économiques partout basées sur la pression sur les salaires et les dépenses publiques, la baisse de la demande étant compensée par des gains de compétitivité dans les pays néomercantilistes (Allemagne) ou par des bulles financières et immobilières ainsi que par la croissance de l'endettement des ménages dans les pays anglo-saxons et les pays du sud de l'Europe. La faillite de ces deux stratégies a obligé les États à laisser filer les déficits publics afin de limiter la récession. La réduction de ces déficits ne pourra intervenir qu'une fois qu'aura été défini un autre modèle économique, qui devrait s'appuyer d'un côté sur une augmentation des salaires et des revenus sociaux, dans les pays néomercantilistes comme dans les pays anglo-saxons, de l'autre sur une nouvelle politique industrielle, visant à organiser et à financer le tournant vers une économie durable.

Les difficultés qu'ont connues les finances publiques avant la crise proviennent de la concurrence fiscale organisée. Leur restauration passe par la lutte contre l'évasion fiscale et les paradis fiscaux. Pour réduire les déficits publics, il faut accroître la taxation des revenus financiers, des plus-values, des hauts revenus, dont le gonflement est une des causes de la crise. À l'échelle européenne, cela passe par une stratégie d'harmonisation fiscale, avec des taux d'imposition minimale pour les entreprises, pour les revenus élevés et pour les patrimoines, et la garantie pour chaque pays de pouvoir taxer ses entreprises et ses résidents.

Réforme du traité

Faire vivre l'Europe suppose un changement total de paradigme. L'Europe ne doit pas viser à imposer l'austérité sans fin, mais à faire vivre un modèle spécifique de société qu'il faut profondément renouveler. Certes, les économistes critiques ne sont pas tous d'accord sur la nature de ce renouvellement. Certains d'entre nous souhaitent que l'Europe s'oriente vers une croissance soutenable, un «green new deal». D'autres préconisent plutôt une bifurcation vers un modèle alternatif où le «bien-vivre» ne serait plus mesuré par le PIB. Il n'y a pas non plus consensus au sujet des mesures à privilégier pour sortir de l'impasse actuelle, qui menace l'avenir de la construction européenne. Certains d'entre nous – c'est le cas par exemple d'Henri Sterdyniak dans sa contribution – estiment que l'Union européenne devrait garantir l'ensemble des dettes publiques des pays membres, ce qui ôterait toute justification aux primes de risque qu'exigent actuellement les investisseurs financiers pour acquérir des obligations émises par les États les plus soupçonnés d'insolvabilité. D'autres – comme l'explique Dominique Plihon dans sa contribution – pensent que les dettes publiques, largement illégitimes du fait de leur origine (les baisses d'impôts touchant les riches, la crise financière, le sauvetage des banques), devraient être restructurées, et même, pour une large part, dénoncées. C'est le débat démocratique qui doit se développer et, au bout du compte, permettre aux peuples de décider.

Cependant, nous sommes unanimes à juger qu'il faut réformer les traités européens pour réduire l'importance des marchés financiers, desserrer leur étreinte autour des peuples et construire une véritable solidarité entre les pays, qui reposerait sur la coopération et l'harmonisation dans le progrès.

Une première exigence pour affranchir les États de la tutelle des marchés financiers est de garantir le rachat de titres publics par la Banque centrale européenne, si nécessaire. Les États doivent pouvoir se financer directement auprès de la BCE à bas taux d'intérêt. Il n'est pas supportable que les banques privées fassent des profits records en prêtant aux États à des taux prohibitifs alors qu'elles se financent à un très faible taux auprès de la BCE.

Une deuxième nécessité est de reporter les coûts de la récession et les pertes des banques sur leurs actionnaires ainsi que sur les ménages les plus aisés. Il est inacceptable d'imposer le chômage, la précarité et les baisses de salaire pour préserver la finance. Les profits et les bonus records des banques en 2010 sont indécents. Les citoyens islandais ont montré le chemin en refusant par référendum de payer pour les folies de leurs banques : cette histoire exemplaire mais méconnue est relatée en détail par Benjamin Coriat et Christopher Lantenois dans leur contribution. Les Grecs et les Irlandais ont exprimé haut et fort leur refus de continuer dans cette voie. Il faut en changer.

Réforme du traité

Une troisième urgence est de désarmer la spéculation, qui continue de sévir contre la Grèce, l'Irlande, le Portugal, l'Espagne… Taxer les transactions financières, à commencer par celles impliquant l'euro ; réguler strictement les marchés de produits dérivés, notamment ceux basés sur les matières premières et agricoles, ainsi que les CDS (les *credit default swaps*, ces titres d'assurance contre la faillite d'un État qui se sont transformés en outils de spéculation contre ces mêmes États) ; limiter drastiquement l'activité des fonds spéculatifs, en particulier les «effets de levier» qui multiplient les opportunités et les risques de la spéculation ; interdire la spéculation pour compte propre des banques et démanteler celles qui sont «trop grosses pour faire faillite»… Autant de décisions urgentes qui ne peuvent plus être retardées.

Le quatrième impératif est d'instaurer des politiques économiques européennes coopératives. Au lieu de privilégier toujours et partout la concurrence et les ajustements par le bas, il faut faire pression sur l'Allemagne – et soutenir les mouvements sociaux allemands – pour qu'elle accroisse les salaires et les prestations sociales afin de réduire ses excédents commerciaux, qui déstabilisent toute l'Europe. Il faut faire cesser la concurrence fiscale, qui mine les recettes publiques des pays de l'Union, en harmonisant par le haut l'imposition des sociétés. Il faut rétablir les finances publiques en annulant les contre-réformes fiscales néolibérales et en restaurant une fiscalité progressive. Il faut créer une vraie solidarité budgétaire européenne par l'instauration d'une fiscalité continentale sur les transactions financières et les énergies fossiles…

Croire que la réforme programmée du traité renforcera la solidarité européenne serait une grave erreur. Au contraire, elle resserre l'étau de la finance sur l'Union européenne. Elle valide les plans d'austérité déjà imposés et prépare leur généralisation. Elle poursuit obstinément la course de l'Union européenne vers l'implosion.

Crise de la zone euro

Il est urgent de changer d'Europe

HENRI STERDYNIAK

Après la crise bancaire et financière née aux États-Unis, après la crise économique, la zone euro connaît depuis octobre 2008 une crise spécifique : les marchés financiers spéculent contre les dettes de certains pays membres. Ils imaginent un scénario catastrophe d'éclatement de la zone et réclament de fortes primes de risque pour détenir les dettes publiques de pays qu'ils déclarent au bord de la faillite. Ce faisant, les marchés exploitent les failles de l'organisation de la zone euro, où les États ne sont plus assurés de pouvoir toujours se financer.

Jusqu'alors, l'Europe a été incapable de réagir. La Commission, la Banque centrale européenne (BCE) et les États membres n'ont pas mis en œuvre avec l'énergie nécessaire les politiques requises pour éviter le creusement des écarts des conditions de financement entre les pays. Les États n'ont fait preuve que d'une solidarité timide et conditionnelle, qui a conforté les marchés dans leur sentiment que la zone était fragile; avec la Commission et aidés par le FMI, ils obligent désormais leurs voisins menacés à appliquer des politiques insoutenables de réduction rapide de leurs déficits publics. Pis, les classes dirigeantes et les institutions européennes veulent profiter de cette crise pour contracter fortement les dépenses publiques et sociales, ôter toute autonomie aux politiques budgétaires nationales et imposer, sous le nom de «Pacte de compétitivité» des baisses de salaire dans tous les pays d'Europe.

À ce jour, trois scénarios sont possibles. Si la politique actuelle se poursuit, l'Europe connaîtra une croissance durablement faible, particulièrement les pays du Sud; les marchés ne seront pas *rassurés* et un éclatement ne sera pas exclu. Si les pays du Sud quittent la zone euro, cela provoquera un nouveau choc financier en Europe et sonnera le glas des ambitions de la construction européenne. En fait, la seule solution durable est de modifier le fonctionnement de la zone en affichant une solidarité financière sans faille, en luttant contre la domination des marchés financiers, en instaurant de nouveaux circuits de financement et en mettant en œuvre une stratégie macroéconomique coordonnée tournée vers l'emploi.

Crise de la zone euro

Les jeux des marchés financiers

Le stade actuel du capitalisme – le capitalisme financier – se caractérise par le développement prodigieux des marchés financiers. Tandis que les institutions financières (banques, fonds de placement, fonds spéculatifs) réalisent des profits exorbitants en jouant de la volatilité de ces marchés, des masses énormes de capitaux sont perpétuellement à la recherche des placements les plus rentables, les plus liquides et les moins risqués possible.

Mais comment trouver la contrepartie : des emprunteurs sans risque et prêts à payer des taux d'intérêt élevés ? Il faut obligatoirement qu'il y ait un montant énorme de dettes face à un montant énorme d'actifs financiers. Les prêteurs veulent investir de grosses sommes, mais s'inquiètent ensuite de ce que les emprunteurs sont trop endettés ; ils recherchent des rentabilités élevées, mais celles-ci fragilisent les emprunteurs : c'est la *malédiction du prêteur*. Les pays, les entreprises ou les ménages qui bénéficient d'apports de fonds importants sont fragilisés, puisqu'ils deviennent fortement endettés et donc dépendants des marchés de capitaux : c'est la *malédiction de l'emprunteur*.

Le système financier international est ainsi perpétuellement à la recherche d'emprunteurs ; jadis, c'étaient les pays du tiers monde ; ensuite, ce furent les pays d'Asie en développement rapide, puis les États-

Unis et les ménages anglo-saxons. En 2010, les marchés financiers eurent besoin de prêter massivement à des agents sûrs. Comme les ménages et les entreprises cherchaient à se désendetter compte tenu de l'incertitude économique, ce sont les États qui durent s'endetter ; en même temps, leurs positions furent fragilisées. Les marchés voulaient des emprunteurs, mais ils leur reprochaient d'être endettés. À la limite, ils ne voulaient plus prêter qu'à des agents excédentaires, ceux qui n'avaient pas besoin d'emprunter.

Dans une économie où la masse des capitaux financiers est importante, l'endettement est automatiquement élevé. Beaucoup d'agents sont endettés, et certains le sont plus que les autres. Il y a donc en permanence des doutes quant à la solvabilité des emprunteurs. Les marchés sont moutonniers ; leurs anticipations sont auto-réalisatrices [1], et les opérateurs le savent. Ils sont vigilants, mais leur vigilance accroît les risques de crise. Il suffit qu'une rumeur mette en doute la solvabilité d'un pays pour que certains gestionnaires de fonds (ceux qui recherchent la sécurité) commencent à

---

1. Ce que les acteurs financiers anticipent advient réellement du fait même de l'anticipation : si tout le monde anticipe une baisse du cours d'une action, tout le monde vend, ce qui provoque effectivement la baisse du cours, et ce quelles que soient les raisons, fondées ou non, qui ont provoqué l'anticipation initiale.

Crise de la zone euro

vendre les titres qu'ils détiennent sur ce pays ; cela fait monter les taux d'intérêt supportés par ce dernier, ce qui conduit les agences de notation à le déclasser (puisque la hausse des taux augmente les risques de faillite) ; d'autres gestionnaires sont alors incités à vendre, ce qui entraîne une nouvelle hausse des taux, etc. La globalisation financière contraint donc l'économie mondiale à vivre sous la menace permanente de crises de la dette. Elle provoque un creusement perpétuel des déséquilibres, conduisant un jour à l'éclatement.

La crise de 2007-2008 a montré que des événements inimaginables, comme la faillite de Lehman Brothers, pouvaient se produire ; de ce fait, les marchés sont plus nerveux, plus rapides à envisager des scénarios extrêmes, ce qui accentue leur instabilité. Ils se souviennent qu'ils ont réussi à faire exploser le Système monétaire européen en 1992, qu'ils ont obligé l'Argentine à sortir du *currency board*[1] en 2001 ; pourquoi ne parviendraient-ils pas à faire exploser la zone euro ?

Les États sont donc soumis à des exigences contradictoires : d'un côté, soutenir l'activité économique (y compris en venant au secours des institutions financières défaillantes) ; de l'autre, maintenir équilibrée leur propre situation financière.

---

1. C'est-à-dire à la faire abandonner son engagement, inscrit dans sa Constitution, de maintenir la parité de sa monnaie avec le dollar.

20 ANS D'AVEUGLEMENT

Dans le monde de la finance globalisée, les politiques économiques doivent se consacrer à rassurer les marchés, alors même que ceux-ci n'ont aucune vision pertinente de l'équilibre ni de l'évolution macroéconomiques, comme en témoignent leurs fortes fluctuations (qu'il s'agisse des cours boursiers ou des taux de change).

Les détenteurs de capitaux veulent détenir des avoirs financiers en grande quantité. Avant la crise, ce désir a été satisfait grâce au développement de bulles financières et immobilières. Celles-ci ayant éclaté, le déficit de demande doit être comblé par le déficit public et par de bas taux d'intérêt. Si les marchés financiers refusent cette logique, faisant augmenter les taux d'intérêt de long terme sous prétexte d'infliger des primes de risque[1] quand l'État soutient l'activité, et si les pays qui se sont endettés pour soutenir l'activité (et le secteur financier) doivent rapidement se désendetter, alors la politique économique devient impuissante et l'économie mondiale ingouvernable. Ainsi, en 2011, les États risquent de payer très cher leur manque de courage collectif à s'attaquer à la domination des marchés financiers.

---

1. La prime de risque désigne le coût supplémentaire imposé par un prêteur à un emprunteur qu'il juge plus risqué qu'un autre. Elle est censée compenser le risque que prend le prêteur en détenant un titre d'un pays qui peut faire défaut (c'est-à-dire ne pas rembourser). Ainsi, si l'Allemagne emprunte à 3 % par an et la Grèce à 10 %, la prime de risque versée par la Grèce est de 7 %.

Crise de la zone euro

La mise à nu des failles de la zone euro

La zone euro aurait dû être moins touchée par la crise financière que les États-Unis ou le Royaume-Uni. En effet, les systèmes financiers y sont plus *archaïques* ; les ménages sont nettement moins impliqués dans les marchés financiers ; la fixité des taux de change entre les monnaies européennes aurait dû être un facteur de protection contre l'instabilité.

Pourtant, il n'en a rien été : au contraire, l'Europe est plus durement et plus durablement affectée que le reste du monde. En 2010, le déficit public global de la zone euro (6,3 % du PIB) était inférieur à celui des États-Unis (11,3 %) ou du Royaume-Uni (10,5 %). Pourtant, les marchés continuent de spéculer contre certains de ses membres, leur imposant des taux d'intérêt insoutenables, malgré la garantie de la BCE et du Fonds européen de stabilité financière (FESF).

La zone euro souffre de contradictions fondamentales, apparues au grand jour pendant la crise mais qui étaient déjà présentes avant elle. L'organisation de la politique macroéconomique – indépendance de la BCE, Pacte de stabilité et de croissance (PSC) – est marquée par la méfiance envers les gouvernements nationaux démocratiquement élus. Les signataires du traité de Maastricht ont voulu enfermer les politiques budgétaires nationales dans un carcan de contraintes rigoureuses. En même temps, persuadés que les marchés avaient toujours raison, ils ont refusé de contrôler les institutions financières, les crédits privés et les déséquilibres extérieurs.

Le Pacte de stabilité et de croissance est le seul domaine dans lequel la Commission ait un pouvoir disciplinaire effectif, mais il est mal conçu, et ce à divers titres :

1° ses règles numériques (la limitation des déficits publics à 3 % du PIB, celle des dettes publiques à 60 % du PIB, l'équilibre des finances publiques à moyen terme) visent à corseter les politiques budgétaires nationales, mais elles n'ont aucun fondement économique. Au contraire, la théorie économique justifie le financement des investissements publics par le déficit public, ce qui permet un objectif de déficit à moyen terme de l'ordre de 2,5 % ;

2° la Commission peut lancer des procédures de déficit excessif (PDE) contre les pays qui dépassent ces limites ; or l'expérience a montré que ces derniers sont généralement des pays en situation de dépression économique, qui refusent avec raison de mettre en œuvre des politiques restrictives dans une telle conjoncture ;

3° le PSC ne permet pas à la Commission d'exercer une influence sur les politiques des États membres dans les périodes économiques favorables, qui sont précisément celles lors desquelles des efforts budgétaires pourraient être faits ;

Crise de la zone euro

4° le PSC ne permet pas de prendre des mesures à l'encontre des pays qui mènent des politiques trop restrictives ;

5° le PSC ne tient pas compte des soldes courants, de la compétitivité, des dettes privées, des bulles financières et réelles. Ainsi, la Commission est restée muette face au creusement des déséquilibres en Irlande ou en Espagne, tout comme devant la stratégie allemande de recherche effrénée de compétitivité.

En vertu du Pacte de stabilité et de croissance, les États devaient perdre toute possibilité de mener une politique budgétaire autonome. Ils devaient commencer par faire passer leur solde structurel [1] à l'équilibre, puis, une fois celui-ci atteint, laisser jouer les seuls stabilisateurs automatiques [2]. La BCE devait assurer la stabilité macroéconomique au moyen de la politique monétaire. Or il est impossible de stabiliser les conjonctures de 17 pays avec un taux d'intérêt unique, et surtout de stabiliser la conjoncture avec le seul levier du taux d'intérêt quand la dépression est trop profonde.

---

1. Le solde structurel est le solde public corrigé de l'effet des fluctuations conjoncturelles.

2. Lorsqu'on laisse jouer les stabilisateurs automatiques, le solde peut fluctuer selon l'évolution économique, c'est-à-dire être positif en période de forte activité et négatif en période de dépression. Mais les États n'ont pas le droit de prendre des mesures discrétionnaires supplémentaires.

Le processus de coordination des politiques économiques – prévu par les articles 121 et 136 du Traité sur le fonctionnement de l'Union européenne (TFUE) – est resté purement formel. Il n'y a pas eu de réelle concertation sur les stratégies macroéconomiques à mettre en œuvre, à court et moyen terme, selon la situation économique et les particularités de chaque pays. Les instances européennes n'ont pas été capables d'impulser une orientation macroéconomique cohérente dans la zone. Polarisées sur des objectifs de finances publiques indifférenciés, elles se sont refusées à prendre en compte la variété des situations des différents États et à fixer des objectifs en termes de croissance, d'emploi ou de solde extérieur.

La Commission a fait pression sur les pays membres pour qu'ils introduisent des réformes structurelles : forte contraction des dépenses publiques et sociales, flexibilisation du marché du travail, baisse des impôts, ouverture à la concurrence, libéralisation des marchés des biens, dérégulation des marchés financiers. De leur côté, les gouvernements nationaux pouvaient invoquer la pression européenne pour justifier ces réformes impopulaires auprès de leur population. Ainsi, l'Europe a souffert d'une contradiction entre le fonctionnement démocratique des États-nations et l'utilisation de la construction européenne par les classes dominantes pour obliger les peuples à accepter des réformes libérales. Ces réformes passent par une technocratisation de la politique économique (indépendance de la BCE, rôle directeur de la Commission et de ses directions des Affaires économiques et de la Concurrence), et surtout par l'ouverture des frontières aux travailleurs, aux marchandises et aux capitaux sans aucune harmonisation fiscale, sociale ni réglementaire.

La crise a remis en cause la pertinence de ces programmes de réformes. L'Europe doit-elle garder pour objectif la libéralisation des marchés financiers? la substitution des fonds de pension aux systèmes publics de retraite? les baisses d'impôts?

Depuis 1999, l'Union économique et monétaire (UEM) a connu de façon persistante une croissance relativement médiocre et un accroissement des divergences entre les États membres en termes de croissance, d'inflation, de chômage et de déséquilibres extérieurs. Avant même la crise, on a assisté au sein de la zone euro à une augmentation des disparités entre deux groupes de pays qui conduisaient des stratégies macroéconomiques insoutenables :

• les pays du Nord (Allemagne, Autriche, Pays-Bas, Finlande) mettaient en œuvre des stratégies néomercantilistes qui consistaient à brider les salaires et les dépenses sociales afin d'engranger des gains de compétitivité et d'accumuler de forts excédents courants. Entre 2000 et 2007, la part des salaires dans la valeur ajoutée a baissé de 4 points en Allemagne et de 5 points en Autriche. La faiblesse de la demande intérieure et les gains de compétitivité de ces pays ont pesé sur la croissance de l'ensemble de leurs partenaires de la zone euro (les pays du Sud, mais aussi la France ou l'Italie) ;

• les pays du Sud (Espagne, Grèce) et l'Irlande ont connu une croissance vigoureuse, impulsée par des taux d'intérêt faibles par rapport au taux de croissance ainsi que par des bulles immobilières. En Irlande, s'est ajoutée à cela une politique de dumping fiscal. Tous ces pays ont accumulé d'importants déficits extérieurs.

En 2007, plusieurs pays de la zone euro avaient de larges excédents courants (voir tableau 1) : les Pays-Bas, l'Allemagne, la Finlande, la Belgique et l'Autriche, tandis que d'autres avaient de forts déficits : le Portugal, l'Espagne et la Grèce. Ainsi, les 230 milliards d'euros d'excédent des pays du Nord créaient et finançaient les 180 milliards de déficit des pays méditerranéens. Le cadre de politique économique mis en place par le traité de Maastricht a été incapable d'empêcher le creusement de déséquilibres, qui sont devenus insoutenables avec la crise.

Crise de la zone euro

Tableau 1. Soldes courants en 2007

	En milliards d'euros	En % du PIB
Luxembourg	3,8	10,1
Pays-Bas	48,6	8,1
Allemagne	192,1	7,9
Finlande	7,3	4,9
Belgique	12,8	3,5
Autriche	9,1	3,3
Danemark	1,6	0,7
Italie	-27,7	-1,7
France	-43,0	-2,2
Slovénie	-1,6	-4,6
Slovaquie	-2,8	-4,7
Irlande	-10,1	-5,3
Portugal	-16,0	-8,5
Espagne	-105,1	-9,6
Grèce	-33,4	-12,5
Total zone euro	39,4	0,4

Source : FMI.

De 1999 à 2007, les marchés ne se sont pas inquiétés du gonflement des disparités dans la zone. En juin 2007, les taux d'intérêt à 10 ans n'allaient que de 4,5 % en

20 ANS D'AVEUGLEMENT

Allemagne à 4,65 % en Grèce et en Italie (voir graphique 1 et tableau 3).

Avant la crise, les pays de la zone euro ne pratiquaient pas des politiques extravagantes de hausse des dépenses publiques; au contraire, la part des dépenses publiques dans le PIB a diminué de 2,9 points entre 1997 et 2007. Cependant, la plupart d'entre eux ont mis en œuvre des stratégies de baisses d'impôts, et ce dans une situation de concurrence fiscale, puisque l'UE n'a pas adopté de politique d'harmonisation dans ce domaine. En même temps, ce désarmement fiscal a été décidé par les classes dominantes afin de tirer prétexte du déficit ainsi créé pour déclarer inéluctable la baisse des dépenses publiques. Ainsi, beaucoup de pays ont supprimé l'impôt sur le patrimoine des ménages; le taux supérieur de l'impôt sur le revenu est passé de 50,5 % en moyenne en 1995 à 42,1 % en 2008; le taux moyen de l'impôt sur les sociétés a chuté de 37,5 % à 26 % sur la même période. Cette contre-révolution fiscale a continûment alimenté le gonflement de la dette. La multiplication des réductions d'impôts et de cotisations (sur les bénéfices des sociétés, sur le revenu des particuliers les plus aisés, sur les patrimoines, sur les cotisations patronales...) n'a pas eu d'impact sur la croissance économique. Ces politiques ont donc aggravé à la fois les inégalités sociales et les déficits publics. Avec l'argent économisé sur leurs impôts, les riches ont pu acquérir les titres (porteurs d'intérêts) de la dette publique émise afin de financer

Crise de la zone euro

les déficits publics provoqués justement par les réductions d'impôts. Est-ce un hasard si les pays aujourd'hui en difficulté sont ceux qui ont les taux de prélèvements les plus bas de la zone? Rappelons qu'en 2007 le taux de prélèvements obligatoires était de 40,4 % pour l'ensemble de la zone euro, mais de 32,3 % pour la Grèce et de 31,4 % pour l'Irlande...

La crise a entraîné une forte augmentation des déficits publics et des dettes de tous les pays de l'OCDE (voir tableau 2). Les États ont dû soutenir l'activité et venir au secours de leur système bancaire; ils ont dû augmenter leurs dépenses de prestations de chômage; ils ont surtout enregistré d'importantes pertes de recettes fiscales. Globalement, la détérioration des finances publiques de la zone euro a été inférieure à celle qu'ont connue les États-Unis, la Grande-Bretagne ou le Japon. Mais certains de ceux qui connaissaient une croissance très vigoureuse ont été particulièrement touchés : la Grèce (qui affichait déjà un fort déficit public), l'Irlande et l'Espagne (qui ont souffert de l'éclatement de la bulle immobilière).

Durant la crise, la forte augmentation des dettes et des déficits publics n'a pas provoqué de hausses des taux longs à l'échelle mondiale : ceux-ci ont plutôt eu tendance à baisser, les marchés estimant que les taux monétaires resteraient longtemps bas et que la dépression était telle qu'il n'y avait pas de risque d'inflation ou de surchauffe.

Tableau 2. Évolution des déficits
et des dettes publiques durant la crise

En % du PIB

	Solde public		Dette au sens de Maastricht		Dette nette		
	2007	2009 ou 2010	2007	2010	2007	2010	Hausse
États-Unis	-2,8	-11,3	62,5	92	42,5	68	25,5
Japon	-2,4	-6,5	188	218	81,5	114	32,5
Royaume-Uni	-2,7	-11,4*	44,5	78	28,5	51	22,5
Zone euro	*-0,6*	*-6,3*	*66,5*	*85*	*42*	*59*	*17*
Allemagne	0,3	-3,7	65	76	42	50,5	8,5
France	-2,7	-7,7	64	83	34	57	23
Italie	-1,5	-5,3*	103,5	119	87	103	16
Espagne	1,9	-11,1	36	64,5	18,5	43,5	25
Pays-Bas	0,2	-5,8	62	70,5	28	35	7
Belgique	-0,3	-6,0*	84	98,5	73	82,5	9,5
Autriche	-0,4	-4,3	59	70,5	31	42	11
Grèce	-6,4	-15,4*	105	140	81	112	31
Portugal	-2,8	-9,3	63	83	43	63	20
Finlande	5,2	-3,1	35	49	-72,5	-56,5	16
Irlande	0,0	-12,4	25	97,5	0	61,5	61,5
OCDE	*-1,3*	*-7,9**			*38*	*58*	*20*

Source : Perspectives économiques de l'OCDE, n° 88 ; * 2009
quand le déficit de 2009 est supérieur à celui de 2010.

Crise de la zone euro

À partir de la mi-2008, les marchés se sont rendu compte qu'il y avait une faille dans l'organisation de la zone euro (voir graphique 1) : en effet, alors que les gouvernements des autres pays développés ne peuvent pas faire faillite parce qu'ils peuvent toujours être financés par leur banque centrale, au besoin par de la création monétaire, les pays de la zone euro, eux, ont renoncé à cette possibilité. Lors de la mise en place de la monnaie unique, certains États, désireux de se prémunir contre tout risque d'avoir à venir au secours des pays du Sud (qu'ils nommaient, avec condescendance, les pays du Club Méditerranée) – en particulier l'Allemagne, qui voulait s'assurer que l'euro serait une monnaie forte, gérée avec la même rigueur que le mark –, ont exigé la mise en place de deux verrous : 1° la BCE n'aurait pas le droit de financer directement les États (article 123 du TFUE) ; 2° la solidarité financière entre les États membres serait interdite (article 125 du TFUE). Ainsi, chaque État doit financer sa dette publique sur les marchés financiers. C'est pourquoi le financement des pays de la zone euro n'est pas assuré, et pourquoi la spéculation a pu se déclencher contre les plus fragiles d'entre eux – Grèce, Irlande, Portugal, Espagne. Avant la crise, ces pays connaissaient une forte croissance, couplée à une certaine dose d'inflation, et le taux d'intérêt qu'ils payaient sur leurs dettes publiques ou privées était faible par rapport à leur taux de croissance nominal. C'est ainsi qu'ils ont pu accumuler une forte dette privée et une forte dette extérieure.

Mais l'accumulation de dettes est devenue insoutenable, d'autant plus que leur taux de croissance a chuté. Les marchés ont alors exigé des taux élevés qui ont encore accentué cette insoutenabilité. La crise financière est devenue une crise de la zone euro.

Le développement de la spéculation sur la dette de pays développés est paradoxal et dangereux. Depuis 1945, aucun pays développé n'a fait défaut sur sa dette. Les marchés spéculent sur un risque qui ne s'est jamais matérialisé. Certes, le fait nouveau de l'indépendance des banques centrales (et en particulier de la BCE) pourrait aboutir à des situations inédites où une banque centrale refuserait de venir au secours de son pays en difficulté. Mais cette situation ne s'est jamais produite ; la crise de 2007-2008 a au contraire montré la capacité des banques centrales à intervenir en cas de péril.

Graphique 1 : Écarts des taux publics à 10 ans vis-à-vis du taux allemand *(en %)*

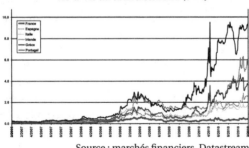

Source : marchés financiers, Datastream.

Crise de la zone euro

La spéculation a été facilitée par le jeu des agences de notation financières, qui ont déclaré risquées les dettes des pays du sud de la zone euro alors même que le risque qu'un membre de celle-ci fasse défaut était *a priori* très faible. Ce sont en fait les agences de notation elles-mêmes qui ont renforcé la probabilité que ce scénario se réalise. Car l'évaluation financière n'est pas neutre : elle affecte l'objet mesuré, elle construit le futur qu'elle imagine. Les agences de notation contribuent donc largement à déterminer les taux d'intérêt sur les marchés obligataires en attribuant des notes empreintes d'une grande subjectivité – voire d'une volonté d'alimenter l'instabilité –, source de profits spéculatifs. Lorsque ces agences dégradent la note d'un État, elles obligent un certain nombre d'investisseurs institutionnels à ne plus détenir la dette de cet État ou à se couvrir sur le marché des CDS (*credit default swaps* – voir ci-dessous) ; la conséquence en est une augmentation du taux d'intérêt sur les titres de la dette publique de cet État, et par là même du risque de faillite, celui précisément que les agences ont annoncé. En somme, la dette publique d'un pays peut rester soutenable tant que les marchés acceptent de lui prêter à un taux d'intérêt de 3 %, mais elle devient insoutenable s'ils se mettent à exiger 10 % : en effet, le pays concerné devra alors dégager un fort excédent primaire[1] en baissant ses dépenses publiques et en augmentant ses impôts ; cet effort fera chuter sa croissance, réduira ses rentrées fiscales et pourra paradoxalement conduire à une hausse du ratio dette publique/PIB.

La spéculation a aussi été facilitée par le développement du marché des CDS. Les gestionnaires de fonds sont perpétuellement à la recherche de sources de profits élevés, supérieurs à ceux des activités productives. Ils les trouvent soit dans là création de bulles financières, soit dans la spéculation, qui est d'autant plus rentable que les marchés sont volatils ; ainsi, les fonds spéculatifs gagnent de l'argent soit en vendant des couvertures contre cette volatilité, soit en exploitant leur capacité à réagir plus rapidement que les autres intervenants.

Le marché des CDS sur les dettes souveraines des grands pays est un marché spéculatif, parasitaire et déstabilisant. Sa création a permis de dynamiser le marché des titres publics, jadis relativement inerte, donc sans intérêt pour les spéculateurs. Désormais, il est possible de spéculer sur la faillite des États. En semant le doute quant à la capacité des pays à tenir leurs

1. Le solde primaire désigne la différence entre les recettes de l'État et ses dépenses avant paiement des intérêts de la dette. Ainsi, un pays peut avoir un excédent primaire correspondant à 2 % du PIB, mais un déficit correspondant à 4 % si les charges d'intérêt représentent 6 % de son PIB.

Crise de la zone euro

engagements, les fonds spéculatifs obligent les fonds de placement à se couvrir contre ce risque hypothétique de faillite en leur vendant des CDS.

Prenons l'exemple d'une protection contre le risque de faillite de l'État grec (que l'on peut s'acheter même si l'on ne détient pas de titres publics grecs). Les fonds spéculent soit à la hausse du risque (j'achète une protection à 5 ans pour 2 % ; comme la crainte de défaillance grandit, je peux la revendre deux mois plus tard à 4 %), soit à la faillite effective (je toucherai une indemnisation si la Grèce fait faillite, bien que je ne détienne pas de titres grecs), soit à la baisse du risque, soit même à la non-faillite (je fais courir la rumeur que la Grèce va faire faillite, mais je n'y crois pas moi-même : je vends donc une protection que je n'aurai jamais à verser). Les perdants dans l'opération sont l'État grec – qui doit payer plus cher son endettement, ce qui fragilise encore davantage sa situation budgétaire – et les fonds qui détenaient déjà des titres grecs – ils doivent dévaloriser leur créance. Un fonds d'investissement qui aurait acheté 100 millions d'euros de titres grecs à 10 ans en juin 2007 à un taux de 4,65 % enregistrera une perte de 22,4 millions d'euros puisque, en janvier 2011, le taux des titres grecs est de 11,5 % ; la valeur de marché de sa créance n'est donc plus que de 77,6 millions.

Échaudés, les fonds qui ont perdu de l'argent sur les titres grecs ou irlandais se hâtent de vendre leurs titres espagnols, portugais, voire italiens, belges ou français. La crise est contagieuse.

On peut craindre désormais que ne disparaisse le marché de la dette souveraine (celle émise par les États), tout comme a disparu, en grande partie, le marché de la dette du tiers-monde. Les fonds réclameront des taux plus élevés puisque les titres publics seront devenus des titres risqués. Les pays répugneront à s'endetter à de tels taux, sachant, de plus, que l'endettement les place sous la dépendance des marchés. Ainsi, paradoxalement, la finance internationale fera progressivement disparaître tous les marchés!

La spéculation financière actuelle se nourrit des défaillances d'une construction européenne mal conçue. Hors zone euro, les pays ne peuvent faire défaut sur leur dette souveraine et les marchés ne peuvent spéculer sur leur faillite. Si un pays souffre d'une demande privée insuffisante, la banque centrale abaisse son taux directeur et le gouvernement accepte un certain déficit public. Les taux d'intérêt à long terme sont automatiquement faibles, ce qui soutient l'activité et limite la hausse de la dette publique. Si nécessaire, la banque centrale intervient pour financer le déficit public. En régime de change flexible, ces politiques font baisser le taux de change, ce qui soutient l'activité. Des mécanismes stabilisateurs existent et le risque de défaut est nul. C'est ainsi que fonctionnent, par exemple, les États-Unis.

Crise de la zone euro

Au sein de la zone euro, on l'a vu, ces mécanismes ont été supprimés : un pays frappé par une crise spécifique ou plus déprimé que ses partenaires ne peut diminuer son taux d'intérêt ni laisser sa monnaie se déprécier. Et l'absence de tels mécanismes n'est pas palliée par une solidarité accrue entre pays. Le risque est que, demain, un pays de la zone euro ne puisse plus augmenter son déficit, de crainte que les marchés ne provoquent une hausse des taux d'intérêt sous prétexte de prime de risque. Cette hausse rendrait impuissante la politique budgétaire.

Il est inacceptable de laisser les marchés financiers paralyser les politiques économiques, inacceptable de laisser les incendiaires donner des instructions aux pompiers. Aussi le risque de faillite des États de la zone euro doit-il être nul : la Banque centrale européenne doit garantir les dettes publiques en ayant l'obligation de financer les États en dernier ressort. Dans un monde financier globalisé, la zone euro ne survivra pas à une situation où les marchés peuvent spéculer en permanence sur la faillite des États membres. Elle devra choisir entre deux options : se dissoudre ou modifier ses institutions pour assurer la garantie des dettes publiques.

Un déficit de solidarité

Durant la crise, les instances européennes (la Commission, le Conseil, les États membres) ont été incapables de proposer des réponses vigoureuses. Leurs réactions ont été timorées, hésitantes, contradictoires. Leur (absence de) stratégie n'est pas compatible avec le fonctionnement des marchés financiers ; en laissant subsister le doute quant à la solidarité européenne, quant à la possibilité que certains pays fassent défaut sur leur dette, elle a nourri la méfiance et la spéculation.

En novembre 2009, le nouveau gouvernement grec a fortement révisé à la hausse les chiffres du déficit public annoncés par le gouvernement précédent pour l'année écoulée, le faisant passer de 3,75 à 12,7 % du PIB. Ce fut le point de départ d'une forte crise de défiance contre la dette grecque. Les instances européennes et les autres pays membres ont tardé à réagir, désireux de sanctionner la Grèce, à leurs yeux coupable de n'avoir jamais respecté le Pacte de stabilité et de croissance et d'avoir masqué l'ampleur de ses déficits ; l'argument avancé était qu'il fallait éviter que les pays laxistes ne soient tentés d'accumuler sans limites les déficits, assurés que l'Union volerait toujours à leur secours.

Les pays membres, et en particulier l'Allemagne, ont ainsi annoncé qu'ils n'aideraient la Grèce qu'en échange de son engagement à mettre en œuvre un plan de forte réduction de ses déficits publics, que l'aide serait

Crise de la zone euro

fortement conditionnée au respect de cet engagement et soumise à la règle de l'unanimité, et que le taux des prêts « incorporerait une prime de risque adéquate » – ce qui est absurde, puisque l'aide a justement pour objet de réduire à zéro le risque de défaillance. En même temps, les Allemands rappelaient que le traité européen excluait la solidarité entre les États membres et que leur Cour constitutionnelle pourrait bien leur interdire d'aider les pays en difficulté. Ces réticences ont contribué à inquiéter les marchés.

Au début de mai 2010, la BCE a annoncé qu'elle continuerait de prendre inconditionnellement des titres publics grecs en pension[1]. Au même moment, l'UE et les pays membres ont accepté de dégager 110 milliards d'euros de prêts pour la Grèce, tout en exigeant d'elle un taux d'intérêt élevé (5,2 %), supérieur à celui auquel s'endettaient les autres pays de la zone (3 %). La Grèce a dû s'engager à réduire de 6 points son déficit de 2009 à 2010, et encore de 5,5 points de 2010 à 2014, un engagement difficilement tenable. Il a été demandé au Fonds monétaire international (FMI) de contribuer à ce plan, l'objectif étant de bien montrer que les conditions imposées à la Grèce seraient aussi

1. Cela signifie que les banques privées qui détiennent des titres de la dette grecque peuvent continuer de les utiliser comme caution auprès de la BCE pour obtenir un refinancement. En principe, les banques centrales n'acceptent de détenir que les titres sans risque.

sévères que celles que le FMI a coutume d'imposer aux pays en développement qu'il « aide ».

Cet appel a en réalité marqué la faillite politique de la zone euro : en effet, pour que la procédure de prêt à la Grèce puisse être mise en œuvre, il a fallu proclamer que, pour le FMI comme pour les marchés financiers, seuls les États existaient, pas la « zone euro ».

Le 10 mai 2010, les pays de la zone ont créé dans l'urgence un Mécanisme européen de stabilisation (MES) capable de lever 750 milliards d'euros pour venir en aide aux pays menacés. Cette somme se répartissait ainsi : 60 milliards empruntés par la Commission ; 440 milliards levés par un Fonds européen de stabilisation financière (FESF) créé à cet effet (pour trois ans seulement), garantis par les États membres (chacun apportant une garantie proportionnelle à sa part dans le capital de la BCE) ; 250 milliards fournis par le FMI. Ce plan n'a rassuré les marchés que pendant un court laps de temps. En juin 2010, l'écart des taux d'intérêt à 10 ans entre la Grèce et l'Allemagne est rapidement remonté à près de 8 points (voir graphique 1).

Il aurait fallu au contraire dire clairement que la dette publique grecque était garantie par l'ensemble des pays de la zone euro, que le problème des finances publiques grecques était une affaire interne à la zone, que celle-ci s'engageait à résoudre collectivement. Le manque de solidarité et de confiance entre les pays de la zone euro n'a pas permis qu'une telle solution soit adoptée.

Crise de la zone euro

La crise grecque a entraîné, par contagion, une hausse générale des taux des pays européens les plus fragiles (voir tableau 3) – ceux qui avaient un fort déficit extérieur (Espagne, Portugal), ceux qui étaient le plus frappés par la crise financière (Irlande), et même des pays comme l'Italie ou la Belgique, qui ont traditionnellement des dettes publiques relativement importantes mais qu'ils financent sans problème.

Afin de soutenir les dettes des pays en difficulté, la BCE a lancé à partir de mai 2010 un programme d'achat de titres publics sur le marché secondaire. En février 2011, elle avait ainsi accumulé 77,5 milliards de titres publics. Ce programme, qui n'est guère conforme à l'orthodoxie monétaire ni à l'esprit du traité, a suscité la réprobation publique, puis la démission d'Axel Weber, le président de la Bundesbank.

En novembre 2010 a éclaté la crise irlandaise[1]. L'Irlande était naguère le meilleur élève de la classe libérale, avec le plus bas taux de dépenses publiques de la zone, le plus bas taux d'imposition (notamment en matière d'imposition sur les sociétés et de cotisations sociales), un excédent budgétaire de 2,5 % du PIB en 2006 et une croissance particulièrement vigoureuse (obtenue en jouant de la concurrence fiscale, en bénéficiant de taux d'intérêt très faibles par rapport à

1. Voir Benjamin Coriat, « La crise irlandaise, emblème et symbole de la finance dérégulée », *infra*, p. 94.

47

son taux de croissance et en laissant se développer une bulle immobilière). Or le pays a subi de plein fouet la crise financière, et en particulier l'éclatement de la bulle immobilière. Son système bancaire hypertrophié s'est retrouvé en faillite. Ses finances publiques ont été mises à mal, puisque l'Irlande a connu une perte de croissance du PIB de 22 % par rapport à la tendance d'avant la crise, mais a choisi de garantir toutes les créances de ses banques : pour ce faire, elle a gonflé son déficit public de 2010 de 13,2 % à 32,3 % (un niveau sans précédent pour un pays européen en temps de paix). Ainsi la dette irlandaise devrait-elle passer de 25 % du PIB en 2007 à 108 % en 2012 (en dette nette : de 0 à 75 %).

Tableau 3. Taux d'intérêt publics à 10 ans et CDS

	Juin 2007		6 décembre 2010		
	Taux à 10 ans	CDS	Taux à 10 ans	CDS	notations S&P
Allemagne	4, 5	0,04	2,8	0,59	AAA/stable
France	4,55	0,07	3,25	1,09	AAA/stable
Italie	4,65	0,18	4,4	2,21	A +/stable
Espagne	4,55	0,07	5,15	3,08	AA/négative
Pays-Bas	4,5	0,02	3,05	0,69	AAA/stable
Belgique	4,55	0,03	3,95	1,93	AA +/stable

Crise de la zone euro

Autriche	4,5	0,06	3,3	0,98	AAA/stable
Grèce	4,65	0,20	11,6	8,09	BB +/négative
Portugal	4,6	0,08	6,0	4,02	A-/négative
Finlande	4,5	n,a,	3, 05	n,a,	AAA/stable
Irlande	4,45	0,13	8,0	4,91	A/négative
Danemark	4,45	0,13	3,0	0,51	AAA/stable
Royaume-Uni	5,3	n,a,	3, 5	0,78	AAA/négative
Suède	4,3	0,34	3,1	0,44	AAA/stable
États-Unis	5,0	0,13	2,95	0,56	AAA/stable
Japon	1,85	0,23	1,1	0,96	AA/négative

Source : Marchés financiers, Thomson Datastream.

L'annonce du gonflement du déficit irlandais a provoqué un nouvel accès de spéculation contre ce pays. L'UE et le FMI ont donc accordé à l'Irlande une «aide» de 85 milliards d'euros au taux d'intérêt exorbitant de 5,8 % (alors que le FESF prête à la Grèce à 4,2 %). En contrepartie, celle-ci s'est engagée dans un programme d'austérité budgétaire qui devrait représenter 12 points de PIB d'ici à 2014. Mais elle a refusé d'augmenter son taux d'imposition sur les sociétés et son taux de cotisations sociales, qui représentent selon elle ses deux atouts dans la compétition européenne.

L'Irlande est victime (comme naguère l'Islande) de la liberté d'établissement prônée par la Commission. Les banques ont la liberté de s'installer où elles le souhaitent en Europe ; personne ne contrôle le rapport entre leur taille et le pays où elles s'implantent. Les banques installées en Irlande ont créé et nourri la bulle immobilière ; elles ont bénéficié du laxisme fiscal et réglementaire de ce pays ; en s'endettant à bas taux sur le marché financier européen, elles ont pu accorder des prêts massifs et rémunérateurs qui paraissaient sains, puisque les prix de l'immobilier augmentaient fortement. La possibilité d'un retournement de l'évolution des prix n'a pas été envisagée. En même temps, du fait de l'absence de solidarité européenne, lorsqu'une banque est en difficulté, c'est le pays où elle est installée, et donc la population de ce pays, qui doit la secourir. L'Irlande n'a pas voulu faire payer les responsables de la crise (les créanciers des banques irlandaises [1]) ; elle n'a pas voulu non plus taxer les bénéficiaires de la bulle (alors qu'elle aurait pu envisager un prélèvement exceptionnel sur les grandes fortunes, celles qui ont bénéficié de la bulle). L'Europe, elle, n'a pas voulu faire jouer la « solidarité de place », c'est-à-dire faire payer aux banques européennes le coût des sauvetages bancaires.

Comme on l'a vu, le Fonds européen de stabilité financière n'a été créé que pour une période de trois ans. L'Allemagne a réclamé des conditions drastiques pour

---

1. L'État irlandais a repris à sa charge 48 milliards d'obligations émises par les banques irlandaises (soit 30 % du PIB).

Crise de la zone euro

accepter sa prolongation, notamment que les pays aidés qui ne diminueraient pas suffisamment vite leur déficit puissent se voir privés non seulement de leur droit de vote dans les instances européennes – ce qui entraîne de fait la possibilité de l'exclusion d'un pays –, mais des fonds d'aide structurels – ce qui aggraverait encore leur situation. Surtout, elle a demandé que soit mis sur pied un mécanisme de faillite ordonnée d'un État membre faisant contribuer les créanciers privés.

Ces réticences ont été interprétées par les marchés financiers comme ce qu'elles sont, c'est-à-dire de nouveaux signes de l'absence de solidarité en Europe. À la mi-février 2011, les taux imposés par les marchés pour les titres à 10 ans étaient de 3,2 % pour l'Allemagne, de 3,35 % pour les Pays-Bas, de 3,4 % pour la Finlande, de 3,55 % pour la France, de 3,65 % pour l'Autriche, mais de 4,2 % pour la Belgique, de 4,8 % pour l'Italie, de 5,35 % pour l'Espagne, de 7,45 % pour le Portugal, de 9,1 % pour l'Irlande et de 11,7 % pour la Grèce. Compte tenu de ces taux, les quatre pays menacés ne peuvent pas s'endetter à long terme sur les marchés financiers. Ils dépendent donc de l'aide des instances européennes ou de leurs partenaires. Les marchés financiers refusent de renoncer à un scénario d'éclatement de la zone euro, dans lequel les mesures d'austérité entraîneraient une faible croissance et des troubles sociaux, de sorte que les pays du Sud préféreraient finalement quitter la zone. Ce scénario est d'autant plus crédible que la réaction des

États membres et des instances européennes est faible et incohérente.

Il aurait fallu dire clairement que les dettes publiques de chaque pays sont garanties par l'ensemble de la zone euro et par l'UE; il aurait fallu éviter que les dettes bancaires irlandaises soient ajoutées à la dette publique; il aurait fallu prendre des mesures fortes pour augmenter les taux d'imposition effectifs dans les pays qui jouent de la concurrence fiscale; il aurait fallu faire payer la crise aux banques et aux institutions financières.

Une réduction brutale des déficits publics passant par une baisse des dépenses

Face à la crise, la stratégie de la Commission européenne et des États membres comporte trois éléments : la mise en œuvre de plans d'austérité budgétaire; la réforme de la gouvernance de la zone euro; la mise en place d'un mécanisme de solidarité financière. Mais nous allons voir que, dans ces trois domaines, l'Europe ne prend pas le bon tournant.

Pour la Commission comme pour le FMI ou l'OCDE, même si la production et la demande restent déprimées, même si le taux de chômage dépasse 10 % pour l'ensemble de la zone euro, la réduction des déficits publics est devenue la question prioritaire. Elle doit

Crise de la zone euro

s'effectuer principalement par la baisse des dépenses publiques, car la hausse des impôts nuirait aux incitations à travailler, à épargner et à investir. Cette recette est valable pour les pays aujourd'hui attaqués par les marchés financiers.

Sous la pression du FMI et de la Commission, ces pays doivent donc mettre en œuvre des plans drastiques, et bien souvent aveugles, de réduction des déficits publics. De 2009 à 2012, l'effort représenterait 17 % du PIB pour la Grèce, 10,5 % pour l'Espagne, 10 % pour l'Irlande et 9,5 % pour le Portugal – soit 16 % du PIB pour la Grèce, 8,5 % pour l'Espagne, 9 % pour l'Irlande et 8 % pour le Portugal. S'ajoutent à cela des programmes de privatisations, qui devraient représenter 20 % du PIB en Grèce. Les autres pays, pressés par la Commission de rentrer dans les clous du Pacte de stabilité et de croissance et craignant de voir leur note dégradée par les agences de notation, se résignent à faire des efforts de l'ordre de 1 à 1,5 point de PIB, en se fixant un objectif de déficit inférieur à 3 % en 2012 ou 2013, puis un objectif de solde équilibré à long terme. Au total, les mesures de restriction budgétaire représenteraient 1,8 % du PIB en 2011 et 1,2 % en 2012. La croissance en Europe en sera fortement affectée.

Tableau 4. Les impulsions budgétaires
prévues par les États

	2009	2010	2011	2012
Allemagne	-0.1	1.5	-0.5	-0.7
France	2.3	-0.4	-1.7	-1.5
Italie	-1.2	-0.4	-1.4	-0.3
Espagne	3.4	-3,7	-4.2	-1.8
Pays-Bas	2.8	0.1	-2.4	-1.3
Belgique	2.4	-1.3	-0.8	-1.3
Autriche	-0.2	0.5	-1.4	-0.6
Portugal	4.2	-2.5	-4,4	-2.6
Finlande	1,0	0.5	-1.9	-1.3
Irlande	-0.2	-4.6	-3.1	-3.4
Grèce	3.0	-9.8	-4.7	-2.5
Zone Euro	1.1	-0.6	-1.8	-1.2
Royaume-Uni	1.5	-2.3	-2.5	-2.5
États-Unis	2.7	-1.8	-0.4	-1.4
Japon	2.2	-0.6	-0.5	-0.5

Lecture du tableau : en France, les mesures mis en œuvre en 2009 représentaient une dépense supplémentaire de 2,3 % du PIB ; puis, les mesures de 2011 des baisses de dépenses de 0,4 % du PIB, celles de 2011 de 1,7 %…

Ces programmes d'austérité mettent en cause le modèle social européen et auront de graves conséquences

Crise de la zone euro

sociales dans de nombreux pays, tout particulièrement sur la jeunesse et les plus fragiles. En effet, ils comportent de fortes réductions des investissements publics et du nombre de fonctionnaires; ils nuiront donc à la qualité de l'enseignement, de la santé, des services publics. Partout, les retraites publiques sont diminuées et l'âge de la retraite est repoussé. Souvent, les prestations familiales sont revues à la baisse. L'Espagne réduit les prestations chômage, l'Irlande son salaire minimum (de 12 %), de même que l'Allemagne; tous les pays font pression sur leurs salaires pour gagner en compétitivité. Dans de nombreux pays (Royaume-Uni, Portugal, Irlande, Espagne et Grèce), la hausse de la TVA va diminuer le pouvoir d'achat des ménages. Même le Royaume-Uni, les Pays-Bas, la France et l'Allemagne, qui ne sont pas directement attaqués par la spéculation, ont annoncé des mesures restrictives sur les dépenses publiques, les dépenses sociales, l'emploi et les salaires des fonctionnaires.

Cette politique menace jusqu'à la construction européenne, qui était bien plus qu'un projet économique. L'économie devait être au service de l'édification d'une Europe unie, développant un modèle original de société. Au lieu de cela, la dictature des marchés s'impose dans l'ensemble de l'Union.

Les pays contraints aujourd'hui de mettre en œuvre des politiques très restrictives, dans une situation de taux d'intérêt élevés et d'instabilité financière, le paieront par une forte chute de l'activité. Selon les chiffres de la Commission, la croissance de la zone euro serait de 1,6 % en moyenne pour 2010-2011, mais de 0,4 % pour l'Irlande, de 0,3 % pour l'Espagne, de 0,2 % pour le Portugal et de –3,6 % pour la Grèce. Les pays du Sud connaîtraient à court terme un fort recul de leur activité, puis une longue période de récession et de chômage élevé. La Commission elle-même prévoit en 2012 un taux de chômage de 11 % au Portugal, de 13 % en Irlande, de 15 % en Grèce et de 19 % en Espagne. Dans ces conditions, les objectifs de déficit public ne pourront être tenus ; ces pays souffriront d'une hausse des charges d'intérêt et d'une baisse des recettes fiscales, le ratio dette publique/PIB s'envolera, ce qui justifiera… la mise en œuvre d'autres mesures restrictives.

On voit mal d'où pourrait venir la croissance dans la zone. En 2011, la demande y est nettement insuffisante. Les pays du nord de l'Europe, qui ont une marge de manœuvre, auraient dû appliquer des politiques expansionnistes afin de compenser les politiques restrictives des pays du Sud. Des programmes européens d'investissements écologiques ou de soutien à la reconversion industrielle auraient dû être lancés. La politique budgétaire de la zone ne devrait pas être globalement restrictive tant que l'économie européenne ne se rapproche pas à une vitesse satisfaisante du plein emploi. Il est vrai

Crise de la zone euro

que certains économistes ont mis en évidence dans le passé des épisodes où une politique budgétaire restrictive n'avait pas eu d'effet défavorable sur l'activité, mais elle était alors accompagnée d'éléments qui manquent aujourd'hui, comme une forte dépréciation du taux de change, une forte baisse des taux d'intérêt, un essor du crédit privé dû à la dérégulation financière ou encore un fort essor de la demande privée dû à un bouleversement économique.

Si le multiplicateur d'une baisse généralisée des dépenses publiques en Europe est de 2[1] et que les pays de l'UE fassent un effort de 1 point du PIB par an pendant cinq ans, la croissance européenne sera réduite de 2 points par an pendant cinq ans, soit un total de 10 points de PIB ; les soldes publics ne seront pas améliorés (puisque la baisse d'activité réduira les recettes fiscales) et les ratios de dette augmenteront du fait du ralentissement économique.

Cette politique serait indispensable, nous dit la Commission, pour *rassurer* les marchés ; mais une politique aboutissant à une longue période de dépression est-elle *rassurante* ? Ce qu'oublient les partisans de cet *ajustement structurel*, c'est que les pays européens ont pour principaux clients et concurrents les autres pays

---

1. C'est-à-dire qu'une baisse de 1 des dépenses publiques dans l'ensemble de la zone entraîne une baisse de 2 de la production.

européens, l'Union étant globalement peu ouverte sur l'extérieur. Une réduction simultanée et massive des dépenses publiques de l'ensemble des pays de l'UE ne peut avoir pour effet qu'une récession aggravée et donc un alourdissement de la dette publique.

Dans une perspective de long terme, le risque est grand que l'austérité budgétaire ne compromette l'effort nécessaire pour soutenir les dépenses d'avenir qui améliorent le potentiel de croissance (recherche, éducation, santé, infrastructures, politique familiale) et pour aider l'industrie européenne à se maintenir et à se redéployer dans les secteurs d'avenir (économie verte).

La réduction des déficits ne doit se faire qu'après avoir défini une autre stratégie de croissance, qui devrait s'appuyer d'un côté sur la distribution de salaires et de revenus sociaux, dans les pays du nord de l'Europe comme dans les pays anglo-saxons, de l'autre sur une nouvelle politique industrielle visant à organiser et à financer le tournant vers une économie durable. Puisque les difficultés des finances publiques proviennent de la stratégie de concurrence fiscale imposée par la mondialisation libérale, leur restauration passe par la lutte contre l'évasion fiscale et contre les paradis fiscaux, ainsi que par l'augmentation des impôts pesant sur le secteur financier, les revenus et les patrimoines les plus élevés.

À l'heure actuelle, certains pays veulent renforcer les contraintes qui enserrent leur politique budgétaire,

Crise de la zone euro

alors même que les politiques budgétaires ne sont pas les responsables de la crise et que celle-ci a démontré au contraire que des politiques budgétaires vigoureuses étaient nécessaires. Ainsi, en juin 2009, l'Allemagne a adopté une loi créant un frein à l'endettement (*debt brake*), c'est-à-dire interdisant tout déficit structurel supérieur à 0,35 % du PIB à partir de 2016. Soulignons que le déficit structurel est estimé selon la méthode de la Commission, qui est fragile et contestable. Selon cette estimation, le déficit structurel allemand a pratiquement toujours été *excessif* (supérieur à 0,35 % du PIB) depuis 1974. Mais peut-on penser qu'un pays qui a eu en 2005-2007 un excédent courant supérieur à 6,5 % de son PIB, un taux de chômage supérieur à 9 % et une inflation de 1,5 % avait un déficit public excessif ?

La loi prévoit que le plafond de déficit pourra être dépassé en cas de « catastrophe naturelle ou de circonstances économiques exceptionnelles », circonstances qui devront être reconnues par une majorité des deux tiers du Parlement. Elle crée par ailleurs un compte d'ajustement notionnel dans lequel seront cumulés les montants des déficits publics supérieurs à 0,35 % (en raison de la situation économique ou d'une mauvaise exécution du budget). Ces dépassements devront être compensés en période économique favorable ou par des politiques budgétaires discrétionnaires. Le montant de ce compte sera limité à 1,5 % du PIB.

À court terme, tout va donc tenir à la définition des «circonstances exceptionnelles». Le Parlement acceptera-t-il d'y inclure les périodes de récession? En période de faible croissance, la contrainte qui pèsera sur la politique budgétaire dépendra fortement de l'estimation de l'écart de production. Comme la Commission a tendance à le sous-estimer, la politique budgétaire devra être pro-cyclique. En 2010, la Commission estime que le déficit structurel allemand a été de 3,4 %. Si la loi avait été en vigueur cette année-là, que se serait-il passé : le Parlement aurait-il voté les circonstances exceptionnelles, ou bien la politique budgétaire aurait-elle dû être restrictive en période de récession? À long terme, si l'on suppose que l'Allemagne va connaître une croissance tendancielle de 3 % par an en termes nominaux, un déficit permanent de 0,35 % du PIB réduirait la dette publique à 12 % du PIB : est-ce réaliste? Lors de la phase transitoire, la politique budgétaire allemande va devoir être restrictive, de 2011 (où le déficit structurel sera de 3 % selon la Commission) à 2016, et ce quelle que soit la situation économique.

Cette règle n'est pas satisfaisante, car elle repose sur trois théories implicites erronées : 1° les pays n'ont pas besoin d'utiliser la politique budgétaire pour soutenir l'activité; 2° un pays qui ne contrôle pas son taux d'intérêt peut maintenir un niveau d'activité satisfaisant en s'imposant des normes de politique budgétaire *a priori*; 3° l'objectif de long terme doit être l'équilibre des finances publiques.

Crise de la zone euro

À partir du moment où l'Allemagne s'impose une telle règle, les autres pays, contraints de se montrer aussi vertueux qu'elle, se retrouvent sous la pression des marchés financiers. Ainsi, le gouvernement français a décidé, le 16 mars 2011, de proposer une réforme de la Constitution, qui inclurait la disposition suivante : « Chaque gouvernement devrait s'engager, pour une période d'au moins 3 ans, à un programme d'efforts en matière de recettes et de dépenses permettant d'aboutir à l'équilibre budgétaire. » Tout comme dans le cas allemand, il s'agit d'un engagement inconditionnel à satisfaire une contrainte irréalisable et sans fondement économique. Ce même jour, le gouvernement français s'est déclaré « fermement engagé à respecter la trajectoire de déficit public inscrite dans la loi de programmation des finances publiques (6 % en 2011, 4,6 % en 2012 et 3 % en 2013), quelles que soient les conditions économiques ». La France pourra-t-elle supporter en 2012 et 2013 de telles politiques restrictives si la croissance est médiocre ?

En janvier 2009, la France s'était engagée, dans son Pacte de stabilité et de croissance, à atteindre un déficit de 1,1 % du PIB en 2012. En janvier 2010, son engagement est passé à 4,6 %. Est-ce à dire que le gouvernement actuel regrette de n'avoir pas maintenu la trajectoire annoncée en janvier 2009 ?

Vers un renforcement du Pacte de stabilité?

Les instances européennes n'ont pas tiré les leçons de la crise financière. Au contraire, elles veulent utiliser la crise grecque pour faire oublier la crise financière et la période *horrible* où elles ont dû accepter de mettre le Pacte de stabilité et de croissance (PSC) sous le boisseau. Aujourd'hui, elles recourent à la menace des marchés financiers et des agences de notation pour imposer leurs obsessions de toujours : contrôler les politiques budgétaires, les soustraire à des gouvernements pourtant élus par des votes démocratiques, obliger les pays à réduire leurs dépenses publiques et sociales.

Bien que la hausse des dettes publiques soit la conséquence et non la cause de la crise financière, de nombreuses propositions ont été faites pour renforcer la surveillance des dettes et des finances publiques en Europe. La crise de la dette a renforcé le poids des partisans des règles budgétaires automatiques, sans fondement économique et qui ôtent toute autonomie aux politiques budgétaires des États membres. L'Allemagne souhaite contrebalancer la solidarité européenne par un renforcement du Pacte. Le risque est que la sauvegarde de la zone euro se paie par une longue période d'austérité budgétaire qui maintiendra la zone en récession.

Le 12 mai 2010, la Commission avait publié une première communication : «Renforcer la coordination des politiques économiques». Elle soutenait, contre l'évidence, que «les règles et les principes du PSC sont pertinents et valables»; selon elle, il fallait seulement obliger les pays à les respecter rigoureusement.

Le 30 juin suivant, elle a proposé d'introduire un premier «semestre européen» (voir encadré p. 5), durant lequel les États membres présenteraient leurs politiques budgétaires de court et de moyen terme ainsi que leurs projets de réformes structurelles à la Commission et au Conseil européen, qui donneraient leur avis avant le vote des Parlements nationaux, au second semestre. Ceux-ci seraient donc plus ou moins contraints par les décisions prises au niveau européen. Certes, un tel processus pourrait être utile s'il s'agissait de définir une stratégie économique concertée, mais ce «semestre» risque en fait d'augmenter les pressions en faveur de politiques d'austérité budgétaire et de réformes libérales. On le voit aujourd'hui : la Commission lance des procédures de déficit excessif (PDE) contre tous les pays, mais elle ne demande pas aux pays qui ont une marge de manœuvre en matière de politique budgétaire ou salariale d'entreprendre des politiques expansionnistes pour compenser les efforts que font la Grèce, l'Irlande ou l'Espagne. Il est toujours question de reporter l'âge de la retraite, jamais d'introduire un salaire minimum.

Le 29 septembre 2010, la Commission a présenté un ensemble de propositions visant à renforcer la gouvernance économique.

20 ans d'aveuglement

• Les pays pourront être sanctionnés si leurs dépenses publiques augmentent plus vite que le taux de croissance *prudent* de leur PIB (sauf si cette augmentation est compensée par une hausse de recettes ou si le pays est en excédent budgétaire). Cela interdirait les mesures de soutien par la hausse des dépenses publiques. Mais qui mesurera la croissance *prudente*? Sera-t-elle de 1 % du PIB, comme l'indiquent les dernières estimations de la Commission de la croissance potentielle? En période de dépression économique, avons-nous vraiment besoin de «prudence»? Que se passerait-il si, par «prudence», les ménages renonçaient à consommer et les entreprises à investir?

• Les pays dont la dette dépasse 60 % du PIB pourront être soumis à une procédure de déficit excessif si le ratio de dette n'a pas diminué d'au moins un vingtième par an de l'écart avec 60 % (cela en moyenne au cours des trois dernières années). Or il est pratiquement impossible d'éviter la croissance de ce ratio en période de ralentissement économique. Cette nouvelle règle renforce donc la contrainte sur le déficit en période de faible croissance. Pour un pays ayant une dette de 90 % du PIB et une inflation de 2 % par an, le déficit public ne devra pas dépasser 2 % du PIB si sa croissance est de 2 %, mais il devra être limité à seulement 1 % si sa croissance ne dépasse pas 1 %. Selon la Commission, la décision de sanction tiendra compte de l'évolution conjoncturelle, mais aussi… des réformes des systèmes

Crise de la zone euro

de retraite introduisant un pilier de retraite par capitalisation. Après la crise financière, l'Europe doit-elle continuer à promouvoir la capitalisation ?

• Les pays dont les dépenses publiques augmentent *trop* vite ou ceux soumis à une PDE devront faire un dépôt de 0,2 % du PIB, qui pourra être confisqué si les mesures requises ne sont pas mises en œuvre.

• Le projet maintient la limite de déficit budgétaire de 3 % du PIB, l'objectif d'équilibre à moyen terme et la contrainte, pour les pays ayant un déficit structurel, de le réduire d'au moins 0,5 % par an. Or ces règles, on l'a dit, n'ont aucun fondement macroéconomique, et elles ont été une source de tensions permanentes dans la zone. La Commission souhaite cependant que les sanctions en cas de non-respect de ces règles deviennent automatiques et plus lourdes.

• La Commission veut obliger les pays à intégrer les règles européennes évoquées ci-dessus dans leurs cadres budgétaires et à mettre en place une « institution budgétaire indépendante » pour veiller à leur respect.

• Elle réclame que soit désormais exigée la majorité qualifiée au Conseil pour s'opposer aux mesures et aux sanctions qu'elle préconise, cela devant assurer l'automaticité des sanctions. Ainsi, les sanctions pourraient s'appliquer même si une majorité des pays y étaient opposés.

• Elle se propose de surveiller les déséquilibres macroéconomiques excessifs à l'aide d'un tableau de bord des variables pertinentes (compétitivité, déficit extérieur, dettes publiques et privées). Bien sûr, le taux de chômage n'y figure pas. Des procédures de déficit excessif pourront être déclenchées. Des recommandations seront envoyées aux pays en situation de déséquilibre. Des amendes pourront être décidées. Mais rien n'indique que la surveillance sera symétrique, ni que l'on sanctionnera les pays qui pèsent sur les autres par des politiques budgétaire et salariale trop restrictives. Rien n'indique que la Commission préconisera une stratégie coordonnée pour lutter contre les déséquilibres : compenser la politique restrictive de certains pays par des politiques expansionnistes dans d'autres, réduire les différentiels de compétitivité par des hausses de salaire dans les pays où la part des salaires dans la valeur ajoutée a diminué, lancer de grands emprunts européens pour aider les pays en difficulté et pour financer la reconversion verte de l'industrie…

Ce projet ne peut qu'aboutir à accroître les tensions entre la Commission et les États membres. Nouvelle étape dans la dépolitisation des politiques budgétaires nationales, il soumettra ces dernières à des comités d'experts, alors que la crise a bien montré la nécessité d'une action forte et résolue. La Commission maintient donc sa vision technocratique : son rôle est de contrôler des États gaspilleurs et indociles. Par ailleurs, ce projet est dangereux en termes économiques : il imposera à tous les pays des politiques d'austérité qui freineront la reprise, et ce pour atteindre un objectif – l'équilibre des finances publiques – qui peut être incompatible avec les nécessités de l'équilibre macroéconomique.

En février 2011, la Commission a proposé un cadrage pour le premier semestre de coordination des politiques économiques. Toutes les craintes évoquées ci-dessus se sont alors confirmées. Le cadrage ne comprend ni stratégie de croissance, ni stratégie de réforme en phase avec les exigences de la crise. Il repose sur dix mesures :

• mettre en œuvre un assainissement budgétaire rigoureux dont l'impact macroéconomique n'est pas précisé (la situation des finances publiques reste prioritaire par rapport à celle de l'emploi) ;

• corriger les déséquilibres macroéconomiques (par la modération salariale dans les pays déficitaires, mais par la libéralisation des services et du commerce dans les pays excédentaires, et non par des hausses de salaire) ;

• stabiliser le secteur financier ;

• rendre le travail plus attractif (comme si le problème actuel était que les salariés refusent de travailler) ;

• réformer les systèmes de retraite (les rendre moins coûteux, favoriser les fonds de pension) ;

• réinsérer les chômeurs (par la réforme, c'est-à-dire la baisse des prestations) ;

• concilier sécurité et flexibilité sur le marché du travail ;

• exploiter le potentiel du marché unique (toujours la libéralisation des services et de commerce) ;

• attirer les capitaux privés pour favoriser la croissance (mettre sur pied des partenariats public-privé, au risque d'augmenter le coût des investissements publics) ;

• permettre l'accès à l'énergie à un prix abordable (mais les mesures proposées de privatisation et de mise en concurrence participent-elles à cet objectif?). La stratégie macroéconomique, le tournant écologique, la politique industrielle restent les grands oubliés de ce premier cadrage.

La coordination de la politique économique dans la zone euro

En février 2011, le gouvernement allemand, avec l'aide de la France, a proposé un «Pacte pour l'euro pour la compétitivité et la convergence». En échange de sa participation au mécanisme de stabilité financière, l'Allemagne veut avoir un droit de regard sur les institutions et les stratégies des autres pays.

Il s'agit d'imposer à tous les pays de suivre la même stratégie économique. Certes, des stratégies contradictoires sont difficilement compatibles avec un fonctionnement satisfaisant de la zone euro. Mais il faut tenir compte des disparités entre les pays. Surtout, la stratégie commune devrait viser à favoriser la croissance et la coopération en Europe. C'est tout l'inverse de ce que prévoit ce Pacte pour la compétitivité, qui demande aux

Crise de la zone euro

salariés de chaque pays de faire des efforts pour attirer le capital en étant le moins exigeants possible en termes de salaire et de protection sociale.

Le Pacte doit être basé sur le suivi de trois indicateurs : le coût salarial par unité produite (les pays devraient suivre la stratégie allemande de baisse du coût salarial, mais la généralisation de cette stratégie n'induirait de gain de compétitivité pour aucun pays, tout en faisant baisser la demande) ; la dette publique (mais son gonflement s'est révélé nécessaire pendant la crise, et, de plus, ce n'est pas la même chose de réduire la dette publique par une harmonisation fiscale européenne, permettant de taxer les entreprises multinationales et les riches, et de le faire par une baisse des dépenses publiques ou sociales) ; le taux d'investissement en éducation et en recherche et développement.

Six mesures devraient être prises dans l'année :

• la suppression de l'indexation des salaires sur les prix, l'objectif étant clairement de réduire le niveau des salaires pour augmenter les profits ;

• la reconnaissance mutuelle des diplômes en Europe ;

• l'assiette unique de l'impôt sur les sociétés ;

• la limitation des régimes de préretraite et l'ajustement de l'âge de la retraite sur l'espérance de vie ; or faire passer dans la loi l'âge de la retraite à 67 ou 68 ans signifie surtout faire baisser fortement le niveau de retraite de tous ceux – les ouvriers en particulier – qui ne pourront guère travailler au-delà de 60 ou 62 ans, et qui devront donc partir avec de fortes décotes;

• l'introduction dans la Constitution d'un plafond de la dette, d'une règle de limitation du solde public ou d'une règle de dépense, *nouveau moyen pour fragiliser la politique budgétaire*; que se serait-il passé si un tel plafond avait été en vigueur durant la crise?

• la mise en place d'un mécanisme de résolution des crises bancaires, seule mesure qui mérite notre approbation; en effet, il faut éviter que les dettes bancaires deviennent automatiquement des dettes publiques si la banque est en difficulté; il faut faire payer les créanciers des banques, qui ont pris des risques.

Ce pacte permettrait aux instances européennes d'intervenir directement dans deux domaines qui étaient jusqu'à présent des prérogatives nationales : la protection sociale et les négociations salariales. Les syndicats européens ont fortement protesté contre ce projet : «La CES [Confédération européenne des syndicats] est fortement opposée à la manière dont le concept de gouvernance économique de l'UE est mis en œuvre et aux propositions actuelles concernant le "Pacte de compétitivité". Le mouvement syndical européen trouve profondément injuste que les travailleurs paient pour les folies des marchés financiers. Les propositions actuelles visent à exercer une pression à la baisse sur les salaires et à entraver les négociations collectives et l'autonomie des partenaires sociaux.»

Crise de la zone euro

Une version édulcorée du Pacte a néanmoins été adoptée lors du conseil de la zone euro du 11 mars 2011. Elle respecte un peu plus, dans la lettre, l'autonomie des pays membres, qui conservent la liberté de déterminer les mesures à prendre pour atteindre les objectifs imposés. Ils devront toutefois prendre des engagements précis devant leurs pairs et devant la Commission, qui veilleront au respect de ces engagements. Ainsi, la problématique ne change pas : chaque pays doit s'engager à renforcer sa compétitivité ou à introduire des réformes libérales ; il n'y a pas de coordination pour la croissance.

Afin d'améliorer leur compétitivité, les pays doivent surveiller l'évolution des coûts unitaires de main-d'œuvre ; il leur faut revoir les mécanismes d'indexation des salaires (mais dans le respect de l'autonomie des partenaires sociaux). Reste que rien n'indique que les salaires devront, au moins, suivre la productivité, ni qu'un rattrapage devrait avoir lieu en Allemagne ou en Autriche, où les salaires ont moins progressé que la productivité. La promotion de l'emploi passe par des réformes du marché du travail, par le renforcement de son attractivité, et non par des mesures macroéconomiques ou par la politique industrielle. Les pays pourront choisir la façon dont ils introduiront des règles budgétaires contraignantes dans leur législation, et la Commission surveillera leur pertinence.

Ainsi, trois mécanismes redondants ont été introduits : le semestre européen, la surveillance des déséquilibres macroéconomiques et le Pacte. La coordination ne visera pas à améliorer la croissance ou l'emploi, mais à réduire les salaires ainsi que les dépenses publiques et sociales. C'est toute l'ambiguïté de la construction budgétaire actuelle : la Commission introduit certes une meilleure coordination, mais celle-ci ne va pas dans le bon sens.

Les limites d'une Agence européenne de la dette

La crise de la zone euro a provoqué un élargissement des écarts de taux d'intérêt sur les dettes publiques entre les différents pays européens. Les pays du Sud ont été mis dans l'impossibilité de se financer à des taux d'intérêt soutenables. Comment rétablir une situation où chaque pays peut émettre une dette publique au même taux d'intérêt ?

L'augmentation des dettes publiques accroît le risque d'un contrôle des finances publiques par les marchés financiers dans les années à venir. Or ce contrôle n'est pas satisfaisant : les marchés financiers n'ont pas de point de vue macroéconomique, ils sont pro-cycliques (ils imposeront les efforts dans les mauvais moments) et leurs opinions sont auto-réalisatrices. Dans ces conditions, il est inacceptable de leur laisser la tâche d'évaluer la soutenabilité de la dette publique et l'utilité des

Crise de la zone euro

déficits publics. On peut craindre que les États membres ne cherchent à échapper à la puissance des marchés financiers en réduisant trop rapidement et trop fortement leurs déficits publics, ce qui aurait des effets néfastes sur la reprise. Leur capacité à entreprendre des politiques budgétaires actives sera réduite. Que se serait-il passé si, en 2009, les gouvernements avaient refusé d'aider les banques afin de ne pas avoir à emprunter sur les marchés financiers ?

Des économistes et des hommes politiques, tels Jean-Claude Juncker et Yves Leterme, ont donc proposé de créer une Agence européenne de la dette (AED) qui émettrait une dette commune aux pays de la zone euro, des *eurobonds*. Cette dette serait garantie par tous les pays membres ; très liquide, elle pourrait être émise à des taux faibles. Le conseil de l'AED contrôlerait les politiques budgétaires nationales et aurait le droit de refuser de financer les pays trop laxistes, qui devraient alors avoir recours au marché. L'Allemagne s'est opposée à cette proposition : elle craignait que l'AED ne puisse émettre qu'à des taux supérieurs aux taux allemands actuels et qu'elle-même se voie contrainte de venir au secours de pays membres défaillants.

En sens inverse, on peut noter que l'AED poserait les mêmes problèmes que le Pacte actuel. Quelle serait la légitimité politique et économique de son conseil ? Pourquoi les pays abandonneraient-ils leur capacité à lever des fonds à son profit ? Comment ce conseil déciderait-il qu'un déficit est trop important si le pays membre, lui, estime que ce déficit est nécessaire pour soutenir l'activité (comme l'Allemagne et la France en 2002-2005) ou pour sauver ses banques? Appliquerait-il des règles rigides (un pays aurait droit à des prêts de l'AED pour 60 % de son PIB ou s'il n'est pas soumis à une procédure pour déficit excessif)? Dans ce cas, l'AED ne bénéficierait pas aux pays en difficulté, qui devraient émettre de la dette nationale sans aucune garantie européenne, sans aucune possibilité de financement par la BCE, ce qui en ferait un actif risqué, à fort taux d'intérêt. Ces pays seraient donc à la merci des marchés financiers. L'AED n'aurait de sens que si elle acceptait de financer toutes les dettes publiques.

La réforme du traité et la création du MES

Le Conseil européen a proposé une réforme *a minima* du TFUE consistant à ajouter à l'article 136 : «Les États membres dont la monnaie est l'euro peuvent instituer un mécanisme de stabilité qui sera activé si cela est indispensable pour préserver la stabilité de la zone euro dans son ensemble. L'octroi, au titre du mécanisme, de toute assistance financière nécessaire, sera subordonné à une stricte conditionnalité.»

Le Fonds européen de stabilité financière (FESF) sera prolongé sous le nom de Mécanisme européen de

Crise de la zone euro

stabilité (MES) et doté de la même capacité d'emprunt de 500 milliards.

Le Conseil a précisé : «Le MES viendra compléter le nouveau cadre pour le renforcement de la gouvernance économique, qui vise à mettre en place une surveillance économique efficace et rigoureuse, laquelle sera axée sur la prévention et réduira considérablement les risques de voir une crise se produire à l'avenir.» L'Allemagne, on l'a vu, exige un renforcement rigoureux des règles du Pacte de stabilité pour accepter la prolongation de FESF.

L'unanimité sera nécessaire et l'Allemagne conservera donc un droit de veto : «L'aide accordée à un État membre de la zone euro sera fondée sur un programme rigoureux d'ajustement économique et budgétaire et sur une analyse approfondie du niveau d'endettement supportable réalisée par la Commission européenne et le FMI, en liaison avec la BCE. Sur cette base, les ministres de l'Eurogroupe adopteront à l'unanimité une décision sur l'octroi de l'aide.»

La créance du MES sera prioritaire par rapport aux créances privées : «Dans tous les cas, afin de protéger l'argent des contribuables et d'adresser aux créanciers privés un message clair leur signifiant que leurs créances sont subordonnées à celles du secteur public, un prêt du MES bénéficiera du statut de créance privilégiée.»

À partir de juin 2013, les émissions d'obligations publiques devraient comporter une clause d'action collective ; cela signifie que, en cas d'insolvabilité du pays émetteur, proclamée par la Commission et le FMI, ce pays pourra négocier avec ses créanciers une modification des conditions de paiement, l'accord s'appliquant à tous si une majorité qualifiée de créanciers l'accepte. Cette clause avait été proposée au FMI par Anne Krueger pour les émissions des titres des dettes publiques des pays en développement ; elle n'avait eu aucun succès, car les prêteurs, craignant qu'elle n'incite les émetteurs à se déclarer en difficulté au lieu de faire l'effort requis pour rembourser, réclamaient une forte prime de risque pour détenir des titres bénéficiant de cette clause, ce qui décourageait les émetteurs à la faire figurer. La dette des pays de la zone euro deviendra spéculative comme l'étaient celles des pays émergents ; elle ne sera plus regardée comme sans risque par les institutions financières. Les taux d'intérêt sur cette dette seront plus élevés, plus volatils, moins contrôlables et moins prévisibles. Cela rendra la politique budgétaire des États membres moins efficace. Fallait-il construire la zone euro pour en arriver là ?

Le Conseil écrit encore : « Nous réaffirmons que toute participation du secteur privé sur la base des conditions ci-dessus ne sera pas effective avant la mi-2013. » Les marchés financiers ont estimé que les pays du sud de l'Europe auraient le plus grand mal à se financer dans les trois ans avec ces nouvelles règles de fonctionnement du FESF. Or le remboursement des dettes actuelles repose sur la capacité des pays à avoir accès aux

Crise de la zone euro

marchés financiers dans les années à venir. La dette des pays du Sud a donc été fragilisée par ce projet.

Certains fonds extra-européens refusent maintenant de détenir des obligations des pays de la zone euro en raison de la trop grande volatilité de leur valeur et des risques de déclassement par les agences de notation. Le risque est que, à l'avenir, les dettes publiques européennes, n'étant plus considérées comme sans risque, soient plus coûteuses et que les pays soient en permanence soumis à l'appréciation des marchés financiers.

Avec les dispositifs actuels, les pays européens ne se donnent pas les moyens de briser la spéculation ni d'assurer la pérennité de la zone euro. Ils laissent les marchés financiers imposer des taux d'intérêt insoutenables à des dettes publiques qu'ils assurent par ailleurs garantir. Une stratégie timorée et floue, qui ne peut permettre de sortir de la crise.

Le fonctionnement de la zone euro, en particulier l'arbitrage autonomie/solidarité, n'a pas été correctement pensé au départ. Une garantie totale créerait un problème d'aléa moral, puisque chaque pays pourrait augmenter sa dette sans limite ; une absence de garantie laisse le champ libre au jeu des marchés financiers. Le compromis souhaitable – une garantie totale pour les pays qui acceptent de soumettre leur politique budgétaire à un processus de coordination ayant pour but le plein emploi et devant toujours aboutir à un accord unanime – est difficile à mettre en œuvre; la coordination ne peut consister dans le respect de règles automatiques (comme celles du PSC); elle doit passer par la négociation entre les pays. Le traité doit prévoir que, dans le cas où cette négociation n'aboutirait pas, la nouvelle dette des pays hors accord ne serait plus garantie. Mais il faut veiller à ce que ce cas ne se présente jamais. C'est la seule issue possible.

Que faire face à la hausse des dettes publiques due à la crise?

Au début de 2011, les dettes publiques apparaissent particulièrement élevées dans l'ensemble des pays de l'OCDE. Les dettes nettes dépassent 80 % du PIB en Belgique (82 %), en Grèce (97 %), en Italie (103 %) et au Japon (114 %). Elles ont fortement augmenté en Irlande (+61 % depuis trois ans). Les taux d'intérêt à 10 ans dépassent les 5 % pour l'Irlande et la Grèce. Il est difficile de déterminer si ces niveaux de dette sont ou non soutenables : un pays peut maintenir un niveau de dette élevé s'il a la possibilité de se financer à 3 % ou 4 % avec un taux de croissance nominal de l'ordre de 4 %. Mais la dette devient insoutenable si l'écart grandit entre le taux d'intérêt requis et le taux de croissance.

De nombreux économistes pensent que certains pays devraient faire défaut sur leur dette. Ce point de vue est

Crise de la zone euro

partagé par des économistes de droite et de gauche, pour des raisons opposées.

En ce qui concerne la frange de droite, 189 professeurs d'économie allemands ont publié en février 2011 un manisfeste dans lequel ils réclamaient la mise en faillite de la Grèce et la restructuration de sa dette publique. Les arguments avancés étaient les suivants :

• le fait que les pays du Sud ne puissent pas se refinancer sur les marchés prouve qu'ils sont insolvables. Les auteurs refusent que l'Allemagne puisse être amenée un jour à payer pour ces pays. Ils refusent également que la BCE mette en jeu sa réputation et la stabilité monétaire en venant à l'aide de ces mêmes pays, car selon eux cela encouragerait ces derniers à persister dans la voie de politiques budgétaires irresponsables ;

• en sens inverse, une telle faillite montrerait clairement que chaque pays est responsable de sa dette. Elle éviterait d'avoir à mettre en place des mécanismes déresponsabilisants de solidarité entre les pays d'Europe ;

• cette faillite montrerait en outre clairement aux marchés financiers que les dettes publiques sont risquées, les incitant à être à l'avenir beaucoup plus vigilants sur ce terrain. Les banques devront tenir compte du risque de faillite des dettes publiques et immobiliser du capital pour le couvrir. Elles seront donc moins enclines à en détenir. Les marchés pourront contrôler en permanence les politiques budgétaires ;

• au total, les dettes publiques seront beaucoup plus coûteuses pour les pays de la zone euro. Ces derniers seront donc incités à ne plus pratiquer de déficits publics. Les États du Sud (Grèce, Portugal, Espagne) et l'Irlande devront rapidement revenir à l'équilibre au moyen d'une réduction des dépenses publiques. Tous les pays soumis en permanence au contrôle des marchés devront pratiquer des politiques saines et copier les pratiques du meilleur élève de la classe (l'Allemagne), c'est-à-dire introduire un frein à la dette dans leur Constitution.

Plusieurs économistes de gauche pensent aussi que certains pays devraient faire défaut sur leurs dettes publiques, lesquelles, sinon, feront peser un poids écrasant sur les peuples européens. Toutefois, la dette publique étant principalement due aux réductions d'impôts au bénéfice des couches aisées, aux plans de sauvetage des banques et à la récession provoquée par la crise financière, ce n'est pas aux populations d'en payer le prix. Il faut faire payer ceux qui ont bénéficié des bulles financières et immobilières. Les pays de la zone euro qui feraient défaut sur une partie de leur dette feraient payer aux créanciers des banques le coût du sauvetage bancaire. Ils appliqueraient aux dettes existantes un coefficient réducteur correspondant à la hausse de la dette due aux baisses d'impôts et à la crise financière. Par la suite, les pays éviteraient de recourir aux marchés financiers : ils réduiraient les déficits primaires par une

Crise de la zone euro

contre-contre-réforme fiscale, faisant peser le poids de l'imposition sur les revenus financiers, les hauts revenus, les patrimoines et les transactions financières. Les investissements publics permettant le tournant écologique de l'économie européenne seraient financés par des emprunts auprès des ménages. Les déficits conjoncturels, eux, le seraient par la banque centrale, sans recours aux marchés.

Pour notre part, au contraire, nous estimons que les dettes publiques doivent continuer d'être des actifs sans risque, faiblement rémunérés mais totalement garantis (par la solidarité européenne et, fondamentalement, par la création monétaire de la BCE), de sorte que les dettes d'aucun pays de la zone euro ne doivent supporter des primes de risque plus importantes que celles des pays qui ont conservé leur souveraineté monétaire, comme le Japon, les États-Unis ou le Royaume-Uni. C'est la seule façon de maintenir l'autonomie des politiques budgétaires. La possibilité de garantir les dettes par la création monétaire permet d'écarter le risque de faillite ; ainsi, aucune raison d'avoir à rassurer les marchés.

Faire défaut sur une partie des dettes publiques (par exemple 33 % de la dette grecque) est certes une option tentante. Mais, dans le futur, les dettes publiques deviendront des actifs risqués, ce qui signifie que les États membres auront à payer des taux d'intérêt plus élevés, que les fonds de pension refuseront de détenir des dettes publiques, que l'influence des agences de notation sera plus forte et que les marchés financiers spéculeront sur les obligations publiques.

Ce défaut partiel pénaliserait les fonds, qui ont fait confiance aux pays menacés, et non les spéculateurs qui ont spéculé sur le défaut. Par ailleurs, il pourrait être difficile de faire défaut dans la mesure où les créanciers entreprendront des actions judiciaires.

S'il est établi que les dettes des États de la zone euro seront garanties à l'avenir par la BCE et les autres pays membres, les taux d'intérêt plus élevés sur les dettes publiques des pays du Sud que l'on observe depuis juin 2008 n'ont pas de justification. Les pays membres pourraient donc décider de faire une opération d'échange obligatoire, c'est-à-dire d'échanger les anciennes obligations à intérêt élevé contre de nouvelles obligations avec un taux d'intérêt de 3 %.

Reprenons notre fonds d'investissement prudent qui a prêté 100 millions à la Grèce en juin 2007 à un taux de 4,65 %. En janvier 2011, le taux grec étant de 11,5 %, la valeur de la dette est de 77,6 millions. Le titre est maintenant détenu par un fonds de couverture, amateur de risque de recherche (qui a emprunté à 3 %). En juin 2017, sans restructuration, le fonds versera 94 à ses créanciers et recevra 157 de la Grèce. Il aura réalisé un gain de 63. Si la Grèce décide de rembourser, mais seulement à 3 %, l'opération est neutre pour le fonds de couverture. Il est donc légitime de restructurer les dettes.

Crise de la zone euro

Mais nous considérons aussi qu'il est légitime de faire défaut sur certaines parties de la dette publique. Une part de l'augmentation de la dette publique vient des opérations de recapitalisation des banques (30 % du PIB pour l'Irlande, 12 % pour les Pays-Bas, 5 % pour la Belgique et l'Autriche). Pendant ces opérations, aucune contribution de la part des créanciers privés des banques n'a été requise, ce qui est une erreur. Dans l'avenir, la conversion des dettes privées en dettes publiques doit devenir plus difficile. La garantie accordée aux créanciers par les banques devrait être limitée en quantité et ne devrait pas s'appliquer à des créances bénéficiant de taux d'intérêt intégrant une prime de risque.

Les États membres pourraient mutualiser une partie de leur dette – celle des pays connaissant des problèmes de dette, et non celle des pays vertueux. Mais les pays de la première catégorie sont coupables d'avoir permis le développement de bulles immobilières (Espagne et Irlande), la fraude fiscale (Grèce), et d'avoir des impôts trop faibles (représentant en 2007 31,4 % du PIB pour l'Irlande, 32,4 % pour la Grèce, 37,1 % pour l'Espagne, contre 40,4 % en moyenne pour l'ensemble de la zone euro). L'Irlande refuse de renoncer à sa stratégie de concurrence fiscale. Ainsi, la mutualisation ne doit être qu'une garantie temporaire, pas un don.

Trois scénarios de sortie de crise

Compte tenu de tout ce qui précède, trois scénarios de sortie de crise peuvent être imaginés au début de 2011.

Selon le scénario de la Commission, tous les pays mettront en œuvre des politiques budgétaires restrictives pour réduire leurs déficits publics et rassurer les marchés financiers, les pays du Sud appliquant les mesures les plus violentes. Ce programme nuira à la croissance de la zone, mais de plus il sera inefficace pour lutter contre la crise financière. Les pays du Sud seront confrontés à la perspective d'une longue récession, de coupes claires dans les dépenses sociales, d'une hausse du chômage, de restrictions salariales pour rattraper la compétitivité de l'Allemagne (qui elle-même voudra continuer d'améliorer la sienne) ; la faible croissance creusera le déficit public, ce qui obligera les pays à redoubler d'ardeur en matière de mesures restrictives. Dans cette situation, les pays du Sud auront la tentation de quitter la zone euro – du moins les marchés leur prêteront-ils en permanence cette intention. La réforme du Fonds européen de stabilisation financière aboutira à un système bâtard où les marchés auront toujours la crainte que les pays en difficulté fassent défaut sur leurs dettes. Ils imagineront alors des scénarios dans lesquels l'effort à accomplir serait tel que les peuples du Sud rejetteraient les politiques d'austérité (dans les rues ou dans les urnes), tandis que les pays du Nord refuseraient

Crise de la zone euro

de les soutenir puisqu'ils ne respecteraient pas leurs engagements en matière de rigueur. Les marchés continueront donc de spéculer contre les pays du Sud et de réclamer des taux d'intérêt élevés pour leur prêter, ce qui obligera ces pays à mener des politiques d'austérité encore plus rigoureuses, les déstabilisera et augmentera les craintes des marchés. Ce scénario peu crédible est dangereux pour les peuples des pays du Sud et pour la construction européenne.

Le deuxième scénario est celui de l'éclatement. Les pays du Sud pourraient renoncer à se maintenir dans la zone euro du fait que cela leur demande un effort trop important, du point de vue tant des finances publiques que de la compétitivité. Ils se voient en effet appliquer des taux d'intérêt élevés, doivent soumettre leur politique budgétaire à la Commission et aux autres États membres, pratiquer l'austérité budgétaire pour rétablir leur solde public, faire baisser leurs salaires pour améliorer leur compétitivité et leurs soldes extérieurs. Toutes ces mesures les condamnent à une longue période de croissance faible et de chômage élevé. S'ils choisissaient de quitter la zone, leurs taux de change baisseraient de 25 % par rapport à l'euro et ils regagneraient donc la compétitivité qu'ils ont perdue depuis 1997. Ils restructureraient leurs dettes publiques en les convertissant en monnaie nationale, avec un coefficient de réduction important. Ils pourraient alors repartir sur de nouvelles bases.

L'euro s'apprécierait par rapport au dollar, mais les marchés seraient incités à spéculer contre l'Italie, la Belgique et la France, qui auraient subi une forte perte de compétitivité. Ces dernières devront alors choisir de suivre soit la voie des pays du Sud, soit celle de l'Allemagne et de ses satellites. La zone sera fragile en permanence, puisque les spéculateurs auront des raisons objectives de discriminer entre les dettes libellées en euros et de demander des primes de risque élevées.

Le défaut de paiement des pays du Sud fragiliserait le système financier des pays européens : une perte de 50 % de la valeur des dettes publiques des pays concernés coûterait 95 milliards d'euros aux institutions financières françaises, 75 milliards aux allemandes et 30 milliards aux britanniques. Une nouvelle crise financière secouerait l'Europe.

Ce scénario d'éclatement aurait une certaine rationalité économique. Il témoignerait de l'impossibilité de maintenir une monnaie unique dans une zone connaissant des taux de croissance et d'inflation différents, et où sont pratiquées des politiques économiques différentes. Il mettrait en évidence un « triangle d'impossibilité » : on ne peut avoir à la fois une monnaie unique, une parfaite liberté des capitaux et des politiques économiques autonomes et sans solidarité. Toutefois, il marquerait aussi le grave échec de la construction de l'Europe ; les peuples européens perdraient toute capacité à influencer l'évolution économique mondiale et à promouvoir

Crise de la zone euro

leur modèle social. L'éclatement de la zone serait alors synonyme de toujours plus de concurrence salariale, sociale et fiscale, à laquelle s'ajouterait la concurrence par les taux de change.

Le troisième scénario, celui que nous préconisons, suppose un profond changement de l'Europe : une évolution vers plus de solidarité entre les pays, mais aussi une volonté résolue de desserrer l'étreinte des marchés financiers autour des peuples. Faire vivre l'Europe suppose de revoir radicalement son fonctionnement : elle ne doit pas viser à imposer l'austérité, mais à promouvoir un modèle spécifique de société, qu'il faut faire évoluer vers une croissance soutenable.

À court terme, l'impératif est de garantir la dette publique des pays de la zone euro et de ramener rapidement les taux d'intérêt des pays du Sud au niveau de ceux des pays du Nord, c'est-à-dire 3 %. Nous proposons deux mesures indispensables pour que la monnaie unique fonctionne :

Mesure n° 1 : Affranchir les États de la tutelle des marchés financiers en garantissant le rachat de titres publics par la BCE. Les États doivent pouvoir se financer directement auprès de la Banque centrale européenne si nécessaire, ce qui desserrerait le carcan des marchés financiers.

Mesure n° 2 : Les pays de la zone euro doivent se porter garants de la dette de chacun des États partenaires.

Les titres publics étant garantis, les taux d'intérêt excessifs de ces deux dernières années ne se justifient plus. C'est pourquoi une troisième mesure s'impose :

Mesure n° 3 : Abaisser les taux d'intérêt exorbitants des titres émis par les pays en difficulté depuis la crise. Ces titres doivent être rémunérés au même taux que les titres émis par les pays jugés sans risque par les marchés.

Une partie importante de la dette de certains pays (Irlande, Islande, Royaume-Uni, Pays-Bas, Autriche) provient de l'aide accordée au secteur bancaire. Or les erreurs des banquiers ne doivent pas être payées par les peuples.

Mesure n° 4 : Faire assumer les pertes des banques en faillite par leurs actionnaires et leurs créanciers, et si nécessaire par la taxation des banques et des institutions financières (et non plus par les finances publiques). La garantie publique accordée aux créanciers des banques doit être strictement limitée.

Mesure n° 5 : Mettre en place en Europe un prélèvement exceptionnel sur les grosses fortunes.

À moyen terme, il faut remettre en cause la domination et l'irresponsabilité du système financier. L'économie mondiale ne peut être gouvernée par les jeux et l'humeur des marchés financiers. Les mesures prises par les sommets du G20 en 2009-2010 ne sont pas allées assez loin. Non seulement la finance internationale doit être réglementée, mais son poids doit être

Crise de la zone euro

fortement réduit pour éviter que l'économie mondiale ne soit paralysée ou empêchée de fonctionner par les marchés. Le poids de ces derniers doit être réduit au profit d'un secteur bancaire contrôlé et consacré au financement des activités productives.

Mesure n° 6 : Mettre sur pied un système bancaire et financier public, qui pourra financer à des taux satisfaisants les dettes et les investissements publics.

Mesure n° 7 : Réglementer l'activité des agences de notation financières, qui ne doivent pas être autorisées à peser arbitrairement sur les taux d'intérêt des marchés obligataires en dégradant la note d'un État. Il faut exiger que cette note résulte d'un calcul économique transparent n'incorporant pas la possibilité d'un éclatement de la zone euro. Il faut surtout créer des agences de notation publiques.

La zone euro a besoin de retrouver les 8 points de PIB perdus du fait de la crise ; son déficit public deviendrait soutenable si elle y parvenait. Renoncer à cet objectif signifie accepter la persistance d'un chômage de masse en Europe. Les instances européennes devraient présenter un scénario cohérent de sortie de crise fondé sur la reprise de la demande, de la consommation et des dépenses publiques, ainsi que sur les investissements porteurs d'avenir, au lieu de se polariser sur les soldes publics. Face à une stratégie malthusienne de réduction des dépenses sociales et des dépenses d'avenir, il faut imposer une stratégie de nouvelle croissance.

Globalement, la demande n'est pas excessive en Europe. Il faut donc résorber les déséquilibres de façon coordonnée : les pays excédentaires doivent mener des politiques expansionnistes – hausse des salaires, des dépenses sociales... – pour compenser les politiques restrictives des pays du Sud, qui doivent être allégées. Les pays qui ont une marge de manœuvre en matière budgétaire doivent continuer de soutenir l'activité.

Mesure n° 8 : Assurer une véritable coordination des politiques macroéconomiques et une réduction concertée des déséquilibres commerciaux entre pays européens.

Mesure n° 9 : Lancer un vaste plan européen, financé par une souscription auprès du public à un taux d'intérêt modéré mais garanti, pour engager la reconversion écologique de l'économie européenne et favoriser la convergence des pays du Sud et de l'Est.

Les pays qui ont des difficultés de financement doivent réduire leur déficit en augmentant leurs impôts (et non en diminuant les dépenses sociales).

Mesure n° 10 : Si les déficits publics doivent être réduits, c'est par l'augmentation de la taxation des revenus financiers, des plus-values et des hauts revenus, le gonflement de ces derniers étant une des causes de la crise. Il faut créer un taux d'imposition confiscatoire sur les revenus et les plus-values exorbitants. La restauration des finances publiques passe par la lutte contre l'évasion fiscale et les paradis fiscaux. À l'échelle

Crise de la zone euro

européenne, cela implique une stratégie d'harmonisation fiscale, c'est-à-dire la fixation d'un taux d'imposition minimal pour les entreprises, les revenus élevés et les patrimoines, garantissant à chaque pays la possibilité de taxer ses entreprises et ses résidents.

La crise irlandaise

Emblème et symbole de la finance dérégulée

Benjamin Coriat

La crise irlandaise est exemplaire et doit retenir l'attention à plus d'un titre.

D'abord parce que c'est la crise d'une économie qui a longtemps été montrée comme « modèle » par les grands promoteurs de la libéralisation à travers le monde. Le FMI, l'OCDE et, plus près de nous, l'Union européenne n'ont cessé de vanter les vertus du « modèle » irlandais. La preuve des bienfaits de la libéralisation (surtout après que l'autre enfant chéri, l'Argentine, eut volé en éclats au début des années 2000), c'est l'Irlande, nous répétaient les voix autorisées de toutes les grandes institutions internationales.

Cette crise est aussi exemplaire parce qu'elle naît et se forme au cœur même du modèle, à savoir le système bancaire et financier que la libéralisation a promu à travers les déréglementations systématiques auxquelles on a assisté au cours des trente dernières années. Cette crise est une nouvelle crise de la finance

La crise irlandaise

déréglementée, et elle en illustre jusqu'à l'excès tous les travers.

Elle présente encore l'avantage de montrer de manière éclatante que les déficits publics ne sont aujourd'hui nullement dus à l'impécuniosité des États, mais sont pour une part essentielle le produit direct de la situation qui résulte de l'installation d'une finance mondiale déréglementée. Dans le cas de l'Irlande, c'est de manière indiscutable la crise bancaire qui a provoqué la crise tout court et la montée de déficits publics.

Cette crise illustre également l'extrême injustice des plans de restructuration mis en œuvre. La foudre s'abat sur le peuple irlandais alors que personne ne songe même à toucher aux immenses profits accumulés et distribués par les financiers, tout au long des années fastes, à leurs actionnaires, managers et autres traders. Ces années pendant lesquelles a été fabriquée une bulle fort lucrative sans qu'on se soit soucié des conséquences qu'aurait son explosion.

Enfin, *last but not least*, la crise irlandaise montre une nouvelle fois les défauts de construction de l'architecture monétaire et financière que le récent Traité constitutionnel était supposé sanctifier pour des décennies.

Mais commençons par le commencement. Comment s'est formé le modèle irlandais – on parlait il y a peu encore du «Tigre celtique» –, puis comment et pourquoi a-t-il volé en éclats, provoquant sur son passage une onde de choc qui déstabilise l'Union européenne dans ses fondements mêmes ?

Le modèle irlandais ou les dessous du Tigre

Ce que l'on désigne sous le nom de «modèle irlandais» s'est mis en place progressivement et a connu au cours du temps certaines évolutions [1]. Mais le point fixe en a vite été une politique d'attractivité habilement appuyée sur les défaillances de la construction institutionnelle de l'Union européenne. Celle-ci ne prévoyant nulle règle d'harmonisation fiscale, l'Irlande fait très tôt le choix de jouer la concurrence par le bas et de se nourrir du vide européen. En fixant le taux d'imposition des entreprises à 12,5 % (contre 30 % en Allemagne ou 34 % en France), elle décide de se positionner, au cœur de l'Union européenne, comme un paradis fiscal parfaitement légal et respectueux des règles communautaires.

Cette décision déterminante, couplée à une politique de formation active et bien menée, produit les effets attendus. De nombreuses entreprises, mais aussi et surtout de grandes multinationales, localisent en Irlande des succursales, voire leur siège, pour bénéficier de cette générosité. La comptabilité «créative», les jeux d'écritures entre les filiales au sein de holdings font

1. Voir Renaud Lambert, «Les quatre vies du modèle Irlandais», *Le Monde diplomatique*, octobre 2010.

La crise irlandaise

le reste. Les profits rapatriés en Irlande échappent aux pays où les activités qui les ont générés se sont développées. Au milieu de la décennie 2000, l'Irlande dépasse les Bermudes en matière de rapatriement des profits. Ceux-ci s'élèvent désormais à 20 % du PIB.

L'Irlande atteint ainsi le deuxième rang européen en termes de PIB/habitant (derrière... le Luxembourg). Il s'agit certes d'une croissance en trompe l'œil mais, même à 12,5 % d'imposition, les bénéfices de l'État irlandais ne sont pas minces, nourrissant la poursuite et le renforcement des choix initiaux.

La banque et la finance internationales ne sont pas en reste dans ces localisations. En deux décennies se constitue en Irlande un complexe bancaire et financier totalement surdimensionné par rapport aux besoins et aux possibilités de l'économie locale.

L'approvisionnement en fonds externes l'emporte vite sur les levées en épargne nationale. Entre décembre 2004 et décembre 2007, les importations de ressources croissent chaque année de quelque 22 milliards d'euros (contre 18,8 pour les dépôts d'origine nationale)[1]. Cet afflux provoque la formation d'un régime de surliquidités.

1. Jonathan McMahon, «The Irish Banking Crisis : Lessons Learned, Future Challenges», discours à la Mazars Banking Conference, 26 mai 2010. Jonathan McMahon est, au sein de la Banque centrale irlandaise, le directeur général adjoint de l'unité de supervision des institutions financières.

20 ANS D'AVEUGLEMENT

C'est là que se trouve l'origine de la formation d'une bulle sur le marché immobilier. L'offre de crédit à bas taux d'intérêt pour favoriser l'endettement à long terme des ménages – combinée à une fiscalité résolument attractive pour les acquéreurs – dépasse toutes les attentes. Le taux d'endettement des ménages bat des records. Il ne va pas cesser de progresser au cours de la décennie 2000, pour atteindre 182,9 % en 2009 [1]. Dans une étude récente, André Orléan a bien montré, à partir de l'exemple du marché immobilier américain, comment la montée des prix, loin de provoquer des mécanismes correcteurs, s'autoentretient [2]. Dans le cas de l'Irlande, le développement de la bulle immobilière a été d'autant plus fort et irrépressible que l'existence d'un centre bancaire et financier surdimensionné, alimenté massivement par des ressources externes, constituait une situation très favorable à la formation de déséquilibres majeurs. Au-delà des banques et des sociétés de crédit spécialisées, l'exposition au risque (compte tenu de la montée du taux d'endettement des ménages) a aussi affecté les deux grands assureurs de crédits irlandais en matière immobilière (les *monolines*), l'INBS (Irish Nationwide Building Society) et l'EBS (Educational Building Society). Comme aux

1. *Ibid.*
2. André Orléan, *De l'euphorie à la panique : penser la crise financière*, Éditions de la rue d'Ulm, Collections du CEPREMAP, 2009.

La crise irlandaise

États-Unis avec les subprimes, les «assureurs» ont rapidement fait défaut sitôt qu'il a fallu recourir à eux.

Comme c'était prévisible, l'explosion de la bulle provoque la ruine des banques, soudainement remplies de créances insolvables et dès lors elles-mêmes hors d'état de faire face à leurs besoins de refinancement; simultanément, elle provoque un fort appauvrissement des acquéreurs. Pour nombre de ménages irlandais, le logement, dont le prix a brutalement chuté, constituait de loin l'actif principal. En 2008, on assiste au premier plan de secours, l'État étant appelé à l'aide pour éviter, avec la faillite bancaire, l'effondrement général. Ce plan sera suivi par trois autres, avant que l'Union européenne – l'euro, qui est aussi la monnaie nationale irlandaise, s'étant trouvé percuté – ne vienne elle-même à la rescousse avec un quatrième plan de sauvetage.

Bulle et supervision bancaire

En matière de bulles, et de bulles immobilières en particulier, l'Irlande ne détient aucun monopole. Mais son cas mérite une attention particulière, car dans ce pays la bulle a bénéficié de conditions de développement exceptionnellement favorables. Celles-ci dérivaient en quelque sorte directement du «modèle» économique que les élites politiques avaient choisi.

Tout tient en effet ici au fait que la bulle s'est formée, si l'on peut dire, en dehors de tout contrôle (voir encadré 1).

Comme l'observe froidement un document émanant de la Banque centrale irlandaise [1], le plus grand laxisme a prévalu en matière de supervision. Il y a à cela plusieurs raisons. La première tient à la pleine domination de l'idéologie de l'autorégulation [2]. Le climat ne prêtait guère à des contrôles intrusifs. La vieille idéologie libérale qui stipule qu'«on ne peut savoir mieux que le marché ce qui est bon pour le marché», théorisée par Alan Greenspan – qui allait répétant que la banque centrale ne pouvait ni ne devait aller contre la formation des bulles lors même qu'elle était capable de discerner leur existence [3] –, cette bonne vieille idéologie du laisser-faire, donc, régnait sans partage. Mais une autre raison de l'abstention des pouvoirs publics est que, compte tenu des caractéristiques du

1. Jonathan McMahon, «The Irish Banking Crisis», art. cité.

2. Sont visées ici les recommandations de la Banque des règlements internationaux dites de «Bâle 2», qui, en matière de gestion des risques, faisaient une large place au principe d'autorégulation des risques qu'elles assumaient par les banques elles-mêmes.

3. Voir ce développement dans Alan Greenspan, *Le Temps des turbulences*, Hachette Littératures, coll. «Pluriel», 2008. Greenspan a longtemps présidé la Banque centrale américaine (de 1987 à 2006), notamment pendant toute la période de la formation de la bulle immobilière américaine.

La crise irlandaise

complexe bancaire et financier irlandais, les régula-
teurs ne disposaient d'aucun instrument de contrôle
véritable. L'asymétrie d'information entre le régulateur et la banque est grande par nature[1]. Mais dans le
cas irlandais elle l'était d'autant plus que le régulateur
se trouvait souvent face à des succursales ou des filiales de groupes étrangers supposées obéir aux régula-
tions de leur pays d'origine. Le « modèle » tant prisé se
retournait ici contre lui-même : on ne peut à la fois attirer les clients par des législations laxistes et des régle-
mentations fiscales attractives et prétendre ensuite les
soumettre à un contrôle véritable.

Enfin, il faut y insister, du côté des acteurs financiers la bulle présentait quelques solides avantages : les
profits et les distributions de dividendes montaient en
flèche. Le Return on Equity (ROE)[2], sans cesse supérieur
à 15 %, se promenait entre 20 et 35 %. La bulle, ma foi,
a fort bien nourri les banquiers... avant d'exploser (voir
encadré 2).

1. Par « asymétrie d'information », on désigne le fait qu'une
banque privée connaît mieux l'état réel de ses finances que la
banque centrale qui la supervise.
2. Return on Equity : ratio qui mesure la rentabilité des fonds
propres investis. Dans le monde des entreprises, l'exigence
par les investisseurs de ROE de 15 % a souvent été dénoncée
comme étant à l'origine de pressions insupportables.

De la crise bancaire à celle de l'endettement public

La banque étant sur le tapis, c'est bien sûr à la puissance publique que l'on a eu recours. L'État a choisi de s'appuyer sur deux leviers : la recapitalisation (en injectant du cash en échange de prise de titres) et la constitution d'une *bad bank* publique, la NAMA (National Asset Management Agency), institution créée pour la circonstance et dans laquelle sont transférées les créances insolvables des banques, dont les bilans se trouvent ainsi allégés.

L'injection massive de fonds, combinée aux effets de la récession, est à l'origine d'un creusement abyssal du déficit public. La dette publique irlandaise est ainsi passée de 24,9 % du PIB en 2006 à 64 % en 2009. Au fil des plans successifs, ce ratio est monté pour atteindre 90 % en 2010, avant que, à la fin du mois de novembre de cette année-là, la crise irlandaise ne s'internationalise avec l'entrée en lice de l'UE et du FMI pour un quatrième plan de sauvetage, ou *bail-out*.

Comme on le voit, le scénario est tout différent de celui de la crise grecque : c'est celui d'une crise majeure de la finance dérégulée (encore une !..) qui s'est ensuite transmise à la dette publique. C'est elle et elle seule qui a fait plonger les déficits publics. Le jeu sinistre se répète une nouvelle fois. La banque, après avoir nourri une bulle et s'être nourrie d'elle, fait faillite quand celle-ci explose. On recapitalise donc à coups de fonds

La crise irlandaise

publics et d'emprunts sur les marchés financiers. Et ceux que l'on vient de tirer de l'ornière reviennent par la porte de derrière. L'État emprunteur est déclaré non fiable par les banquiers et les prêteurs internationaux. Des primes de risque astronomiques sont exigées par les créanciers. Pour les faire baisser, la crise est reportée sur le citoyen. C'est lui qui, en dernier ressort, à coups de taxes supplémentaires, de baisses de salaire, de coupes dans les services de l'État social, paiera la note. La boucle est bouclée.

Une crise transférée sur le peuple irlandais

Il est remarquable de noter que, dans les différents plans successifs mis en œuvre, à aucun moment on ne s'est soucié ni de faire payer les banques elles-mêmes et leurs créditeurs, en renégociant et en restructurant la dette, ni de venir en aide aux acquéreurs qui se trouvaient dans l'incapacité de faire face aux crédits qui leur avaient été consentis. De ce point de vue, les plans irlandais sont en dessous du *bail-out* mis en place par Obama en 2009 avec la crise des subprimes. Le plan américain comportait en effet au moins un volet visant à aider une partie des acquéreurs en restructurant leurs dettes.

Dans le cas irlandais, après que les profits engrangés eurent été distribués et partagés par les acteurs du monde de la banque et de la finance, c'est sur le peuple irlandais que l'on a reporté l'effort de la purge. Les attaques sur les revenus et les transferts sociaux avaient commencé plus d'un an plus tôt, mais le nouveau plan a considérablement aggravé les choses.

Négocié avec l'UE et le FMI [1], ce plan porte sur quelque 85 milliards d'euros. Étalé sur trois ans, le taux d'intérêt des prêts consentis est de 5,8 % par an – un taux jugé exorbitant par la partie irlandaise, mais au-dessous duquel les bailleurs de fonds n'ont pas voulu descendre.

Les principales dispositions connues prévoient que 35 milliards d'euros iront directement au secteur bancaire, 25 milliards étant placés dans un fonds de réserve destiné à couvrir des besoins futurs et 10 milliards étant injectés immédiatement pour recapitaliser les principaux établissements du pays.

La moitié des mesures d'aide au secteur bancaire (17,5 milliards d'euros) sera financée par l'État irlandais. Disposition très fortement décriée : cette somme sera

1. La première esquisse du plan a été annoncée le 28 novembre 2010 : voir Conseil des ministres de l'Économie et des Finances de l'UE, dit « Ecofin », « Statement by the Eurogroup and ECOFIN Ministers », en anglais : http://www. consilium.europa. eu/uedocs/cms_data/docs/pressdata/en/ecofin/118 051.pdf. Le plan définitif date du 9 décembre (en français : http://www. consilium.europa.eu/uedocs/cms_data/docs/pressdata/fr/ ecofin/118 346.pdf). Pour d'autres informations, se reporter à la page de l'Ecofin : http://www.consilium.europa.eu/App/ newsroom/loadbook.aspx?BID=93&LANG=2&cmsid=350.

La crise irlandaise

prélevée sur le Fonds national de réserve pour les retraites. Non contents de payer dès aujourd'hui les folies de leurs banques à travers des coupes multiples dans les revenus, les travailleurs actifs voient de surcroît leurs retraites mises en danger.

Comme toujours en matière de prêts internationaux, ceux-ci sont associés à de fortes conditionnalités. Les mesures d'austérité annoncées le 1er décembre 2010 prévoient à la fois des hausses d'impôts (s'étendant jusqu'en 2014) et 15 milliards d'euros de réductions budgétaires, soit 9 % de la richesse du pays, ce qui implique d'immenses sacrifices pour les citoyens. Les allocations chômage et les allocations familiales seront réduites, tout comme les retraites des fonctionnaires. Le salaire minimum sera abaissé – ce qui, évidemment, touche les plus pauvres. Près de 25 000 emplois publics seront supprimés. Cette purge sans précédent vise à ramener le déficit public, actuellement de 32 % du PIB, à 3 % en 2014 !

Ces restrictions vont contribuer à constituer (ou à étendre) une nouvelle couche de pauvres : les « nouveaux pauvres *actifs* ». C'est ce que rapporte un article récent du *Monde* : « 40 000 Irlandais, soit 4 % de la population active, touchent le salaire minimum, et sa réduction de 12 % pourrait être l'élément de trop qui va les faire basculer dans le dénuement. » Ces mesures, jointes à un chômage qui s'élève désormais à près de 14 % de la population active (par suite d'une chute de

20 ANS D'AVEUGLEMENT

7 % du PIB en 2009), ont «déjà fait passer le pourcentage des pauvres de 4,2 % de la population en 2008 à 5,5 % fin 2009 [...]. Pour cette couche de la population, qui vit "à la limite" du seuil de pauvreté, le plan de rigueur va avoir de "très sérieuses répercussions", redoute le père Sean Healy, président de Social Justice Ireland, une organisation caritative catholique. Le prêtre calcule que la baisse des aides sociales va réduire jusqu'à 31 % les allocations. "On va voir une hausse gigantesque de la pauvreté en Irlande", prédit-il. "Les plus riches bénéficient de plus de 12 milliards d'euros de dégrèvements fiscaux. Les plus pauvres, eux, paient pour sauver les banques", enrage-t-il [1]. »

*

Le réputé «Tigre celtique» est à terre, victime de sa mécanique interne, précipité au fond du gouffre par l'irresponsabilité de ses banques et par le régime de finance libéralisée et dérégulée qui en a fait le lit. Dans sa chute, il a de surcroît montré toute la fragilité et l'inconsistance de l'architecture bâtie autour de l'euro [2]. Cette fois, les élites et les institutions qui nous gouvernent – à commencer par celles mises en place par le

---

1. « En Irlande, les ONG craignent l'apparition de "nouveaux pauvres" », lemonde.fr, 27 novembre 2010.
2. Voir le Communiqué des Atterrés, ainsi que la Note Atterrés n° 2, qui traite en détail de ce point.

La crise irlandaise

Traité européen – apprendront-elles quelque chose de la crise, la énième de ce type? Si l'on en juge par l'expérience passée, il y a fort à parier que non! Un indice entre mille qui conduisent à cette conclusion : au cœur de la tourmente, les dirigeants irlandais se sont battus pour préserver ce qui leur paraissait être l'essentiel. Alors même que les coupes budgétaires et de revenus assommaient le peuple, le taux d'imposition des entreprises est resté fixé à 12,5 %, avec l'assentiment de l'UE comme du FMI…

Et, pourtant, le *bail-out* présente au moins un avantage. La propriété d'une vaste majorité des banques est passée entre les mains de l'État. Si à l'avenir cette situation de «nationalisation de fait» permet la reconstitution d'un pôle public bancaire capable de jouer son rôle dans la reconstruction d'entre les ruines, tout n'aura pas été perdu. Et le drame irlandais aura servi à quelque chose.

Encadré 1. La montée des prê[ts]

Figure 1. Évolution des prêts (en milliards d'€)

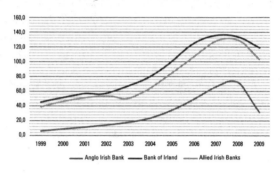

— Anglo Irish Bank — Bank of Irland — Allied Irish Banks

Encadré 2. Le comportement des tro[is]

Figure 3. Évolution du profit (milliards d'€)

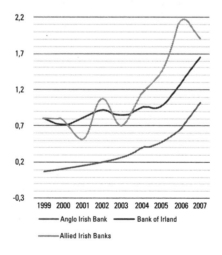

— Anglo Irish Bank — Bank of Irland
— Allied Irish Banks

de l'endettement

Figure 2. Part des prêts dans le bilan (en % de l'actif)

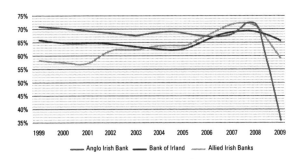

principales banques irlandaises (1999-2009)

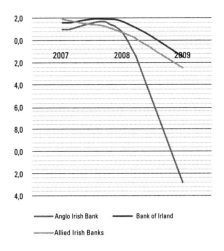

Figure 4. Évolution du ROE (1999-2007)

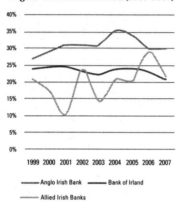

Figure 5. Évolution du dividende par action (base 100 = 1999)

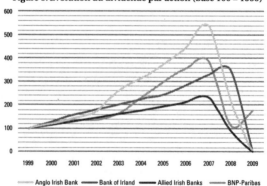

Source des graphiques :
compilé à partir des rapports d'activités des entreprises.

Crise, faillite et défaut

Économie et politique de la restructuration de la dette islandaise

BENJAMIN CORIAT ET CHRISTOPHER LANTENOIS

> «*Peut-on demander aux gens ordinaires – les agriculteurs et les pêcheurs, les enseignants, les docteurs et les infirmières – d'assumer la responsabilité de la faillite des banques privées? Cette question, qui fut au cœur du débat dans le cas de la banque islandaise Icesave, va être la question brûlante dans de nombreux pays européens*».

ÓLAFUR RAGNAR GRIMSSON
Président de la République islandaise (octobre 2010)

Pourquoi revenir aujourd'hui sur la crise islandaise?

Ce petit pays n'est plus guère sous les feux de l'actualité. Certes, il a connu une crise bancaire et financière spectaculaire qui l'a conduit, lui et son État, au bord de la faillite. De plus, s'ils sont importants, les montants des dettes en jeu (quelques dizaines de milliards d'euros) ne sont pas susceptibles de perturber gravement les équilibres financiers internationaux. Enfin, aux dernières nouvelles, les choses vont mieux : baisse de l'inflation, reprise de la croissance, baisse du chômage…

Alors, pourquoi y revenir? Pour trois raisons au moins, pensons-nous.

La principale est que, si la crise islandaise est par bien des aspects la «sœur jumelle» de la crise irlandaise, elle s'en distingue par plusieurs traits, dont le plus saillant est le suivant : sitôt la crise bancaire installée, l'Islande s'est engagée dans une voie originale qui a consisté à faire payer l'essentiel de la dette bancaire par les créanciers eux-mêmes.

La deuxième raison est que, après de longues négociations et tractations et une mise à jour expresse des lois sur les faillites, il s'est passé rien moins que ceci : la dette bancaire islandaise est restée pour l'essentiel une dette bancaire privée, et ce sont les créanciers, notamment les investisseurs institutionnels non résidents, qui vont assumer le défaut des banques débitrices.

Last but not least, le projet de compromis établi sur la partie de la dette pour laquelle l'État islandais s'est trouvé contraint d'apporter sa garantie a finalement été rejeté, à l'occasion d'un référendum exigé par une pétition gigantesque rassemblant presque un tiers des électeurs de l'île. Ce référendum, qui venait couronner la mobilisation tenace du peuple islandais, a contraint ses gouvernants (et, derrière eux, l'UE et le FMI, qui agissaient en coulisse) à revenir sur les accords initiaux. Finalement, il a permis d'obtenir un report et un étalement importants du paiement de la dette, ainsi que des taux d'intérêt bien plus bas que ceux prévus au départ.

Crise, faillite et défaut

Pour toutes ces raisons, et bien que le poids économique du pays soit très faible (son PIB tourne autour de 8 milliards d'euros seulement), l'étude du cas islandais présente un grand intérêt. Elle permet de pénétrer dans les arcanes de la restructuration des dettes en analysant *in vivo* les conditions dans lesquelles cette restructuration s'est faite[1]. Il s'agit là, chacun le comprendra, d'un sujet majeur à l'heure où – c'est un secret de Polichinelle – la Grèce comme l'Irlande travaillent assidûment à leurs « plans B » : des plans de restructuration de leurs dettes souveraines.

Dans cette note, après avoir brièvement rappelé les conditions de la formation puis de l'explosion de la crise financière islandaise en octobre 2008, nous exposerons le processus de restructuration des dettes auquel l'Islande s'est livrée. L'attention se portera sur deux aspects distincts (quoique complémentaires et liés entre eux) :

1. Pour une présentation générale des questions posées par la restructuration des dettes, voir Dominique Plihon, « Faut-il restructurer les dettes souveraines européennes ? », *infra*, p. 153. Précisons que, dans le cas islandais présenté, il ne s'agit pas d'abord d'une dette souveraine. L'essentiel de la dette bancaire privée est restée telle. Et, comme nous le montrerons ici, à la suite de la mise en faillite des banques débitrices, ce sont (dans une très grande proportion) les créditeurs qui ont dû supporter le défaut. Pour une petite partie de la dette bancaire privée, l'État islandais a été contraint d'apporter sa garantie. Dans cette situation, des négociations à rebondissements multiples ont permis de parvenir à des solutions originales.

1° le processus de mise en liquidation des «anciennes banques» islandaises en défaut; 2° le processus qui, à la suite d'un conflit sévère avec le Royaume-Uni et les Pays-Bas, a conduit à un accord sur le cas particulier d'Icesave, une agence de Landsbanki (la deuxième banque islandaise) opérant comme banque en ligne. Le rôle décisif de la mobilisation du peuple islandais au cours de ces conflits sera rappelé : sans ce que l'on a appelé la «révolution des casseroles», nul doute que les choses auraient pris une tout autre tournure.

La crise islandaise, ou quand la grenouille financière veut se faire aussi grosse que le bœuf

Longtemps colonie de la Norvège, puis du Danemark, c'est en 1944 que l'Islande accède à l'indépendance. Ce pays est alors l'un des plus pauvres d'Europe. En quelques décennies, cependant, il opère une spectaculaire mutation économique. Jusque dans les années 1970, il demeure protectionniste, largement tourné vers lui-même, et ne connaît pas de bouleversements majeurs, quoique tirant parti du plan Marshall, dont l'île fut un des destinataires. Dans les années 1980, l'Islande, prudemment et progressivement, s'ouvre aux échanges extérieurs. Mais elle est encore une très petite économie, qui dépend de la pêche pour son commerce extérieur (90 % de ses recettes externes) et où sont

Crise, faillite et défaut

implantées des activités liées à l'hydroélectricité et à la géothermie.

C'est à partir des années 1990 que la mutation véritable se produit, avec la mise en œuvre d'une libéralisation accomplie à marche forcée. Moment clé : en 1994, l'Islande adhère à l'Espace économique européen (EEE). Cette entrée a pour effet immédiat l'instauration de la liberté de circulation des capitaux et, pour les institutions financières locales détentrices d'un «passeport», le droit d'ouvrir des filiales dans tous les pays de l'espace européen. Parallèlement, les droits de douane sont abaissés. L'Islande se mondialise. Point capital, cependant : si elle s'intègre fortement aux économies de l'Union européenne à travers son adhésion à l'EEE, elle reste en dehors de la zone euro et conserve la maîtrise de sa monnaie nationale, la couronne (ISK).

Comme de nombreux autres pays européens, l'Islande, à partir de la décennie 1990, se lance dans un vaste programme de privatisations, notamment de son secteur bancaire. Sa fonction publique est réformée, le statut de ses fonctionnaires contractualisé. Le gouvernement s'efforce de diversifier la structure de l'économie. De nouvelles activités, comme l'industrie de l'aluminium, l'informatique et les biotechnologies, ont la faveur des investisseurs, nationaux ou étrangers[1]. Rapidement,

1. L'Islande connaît ainsi certaines réussites dans la recherche génétique (deCODE Genetics), les médicaments génériques

cependant, une ambition s'affirme et prend le pas sur toutes les autres : les nouveaux aventuriers qui ont pris le contrôle des banques à l'occasion des privatisations rêvent de faire de l'île une place financière «globale», à l'instar de la Suisse ou du Luxembourg.

Une finance surdimensionnée et extravertie

Comme en Irlande, la finance grossit et grossit [1]. Trois grandes banques – Kaupthing, Landsbanki et Glitnir – s'imposent et vont surdéterminer l'avenir du pays. Sous l'instigation de managers agressifs – les «nouveaux Vikings [2]» –, les banques nouvellement privatisées [3] sont à la manœuvre. Pour élargir la base locale de collecte – extrêmement étroite : le pays ne compte que

(Actavis), le *business to business* aéronautique (Aviation Group), les nouvelles technologies appliquées à l'agroalimentaire (Marel), les jeux vidéo en ligne (CCP Games), les énergies renouvelables (Geysir) ou encore les prothèses médicales (Ossur).

1. Pour l'analyse de la croissance puis de l'explosion de la banque et de la finance irlandaises, voir Benjamin Coriat, «La crise irlandaise, emblème et symbole de la finance dérégulée», *supra*, p. 92).

2. Le processus de privatisation a suscité de multiples accusations de favoritisme politique.

3. L'intégralité du système bancaire – au départ largement public – est privatisée par vagues successives entre 1994 et 2003.

Crise, faillite et défaut

quelque 320 000 habitants –, les banques islandaises ouvrent des succursales à l'étranger – au Royaume-Uni en particulier, mais aussi aux Pays-Bas et dans les États du nord de l'Europe –, profitant ainsi pleinement de l'adhésion de l'Islande à l'EEE [1]. Compte tenu des taux très attractifs proposés aux déposants, cette politique d'expansion du pôle financier local est un vrai succès. Un autre axe de cette politique consistera à rechercher des financements sur le marché international en profitant de l'extrême liquidité qui y règne. Avec les dettes contractées à l'étranger (l'économie mondiale abonde alors en liquidités à la recherche de placements), les trois grandes banques financent aussi bien les particuliers (nourrissant, comme ailleurs en Europe, une formidable bulle immobilière) que les entreprises locales, qui procèdent à de vastes acquisitions externes [2]. Pour l'essentiel, cependant, les fonds collectés le sont à court terme, alors que les prêts sont consentis à moyen ou long terme. Facteur aggravant, ces prêts sont généralement en devises parce que liés aux contrats de

1. Cette adhésion leur accorde en effet le droit d'opérer dans tous les pays de l'Espace économique européen.
2. Les groupes islandais prennent de nombreuses participations dans des groupes étrangers en se finançant à crédit auprès des banques domestiques. Indirectement, les banques s'exposent au risque d'un retournement des marchés d'actions si ces derniers, en chutant, provoquent l'insolvabilité des entreprises endettées.

refinancement sous-jacents accordés par les banques étrangères [1].

Le mode d'expansion choisi cumule ainsi deux types de risque : celui de la dépendance au marché inter-bancaire – les banques islandaises ne peuvent assurer leurs fins de mois qu'en puisant toujours davantage sur les marchés financiers externes – et celui du risque de change – si la couronne islandaise venait à se déprécier, mécaniquement les dettes libellées en devises gonfle-raient, mettant en danger les débiteurs.

Cette politique met ainsi l'ensemble du pays en péril, et ce sur une échelle gigantesque. La dette brute externe de l'Islande, qui n'est encore que de 139 % du PIB en 2003, bondit à plus de 550 % en 2007. Au cours de la même période, les actifs consolidés des banques – c'est-à-dire incluant les actifs des filiales étrangères – passent de 170 % à 880 % du PIB (voir graphique 1 [2]). Les actifs détenus par les trois grandes banques représentent alors 85 % des actifs du système bancaire. Tout ou pres-que dépend de leur capacité à tenir leurs engagements.

1. Tryggvi Pálsson, «Coping With a Banking Crisis – Rise, Fall and Rebirth of the Icelandic Banking System», Second International Workshop on Managing Financial Instability in Capitalist Economies, Reykjavík, Islande, 23 au 23 septem-bre 2010 : http://www.sedlabanki.is/lisalib/getfile.aspx? ite-mid=8169.

2. Tous les graphiques de ce chapitre sont regroupés en annexe, p. 147.

Crise, faillite et défaut

Cette croissance et cette expansion tous azimuts ne se sont pas faites sans des entorses multiples aux réputées « bonnes pratiques » bancaires et financières. Ici comme en Irlande, l'absence de supervision véritable a rendu possibles tous les excès. Un rapport commandité au moment de l'explosion de la crise et dont les conclusions ont été rendues publiques en avril 2010 dresse la longue liste des pratiques frauduleuses – ou quasi frauduleuses – qui étaient l'ordinaire de la finance islandaise [1]. Il pointe notamment la manière dont les actionnaires ont bénéficié de façon privilégiée de prêts et d'avances de leurs propres banques, pour des montants sans proportion avec les garanties qu'ils pouvaient présenter. Plus grave, dans de nombreux cas et pour des montants importants, les fonds propres (*equity*) de la banque avaient pour origine des prêts consentis par la banque elle-même. Cette pratique parfaitement illicite, dite de *weak equity*, est un élément aggravant de la situation des banques. Non seulement celles-ci étaient sur-engagées par rapport à leurs fonds propres, mais ces fonds propres avaient pour origine des prêts consentis par elles et reversés par les débiteurs ! Récemment, au demeurant, plusieurs dirigeants de grandes banques islandaises ont été mis en examen sous le chef d'accusation de « manipulation de marché » [2].

1. Lire le rapport de la Commission spéciale d'investigation : http://sic.althingi.is/.
2. Lire « Arrestation de deux ex-dirigeants de la banque islandaise Landsbanki », AFP, 14 janvier 2011 :

Tous ces éléments s'expliquent par le climat d'euphorie qui régnait alors. L'argent était facile, les revenus des placements confortables. Du point de vue de la valorisation de la «valeur actionnariale», la stratégie s'est révélée payante. Les rendements étaient très élevés. Le ROE excédait largement 15 %. Certaines bonnes années, il atteignait 40 % voire 50 % (voir graphique 2). Et, bien sûr, le dividende par action croissait très fortement (voir graphique 3). En 2007, l'île occupait le premier rang dans le classement mondial pour l'indice de développement humain (IDH) des Nations unies et le cinquième dans celui des pays les plus riches du monde, avec un PIB par habitant de 50 000,00 dollars. Mieux encore, les puissants analystes et prévisionnistes de l'OCDE ou du Forum économique mondial lui prédisaient un avenir radieux. Le pays était ainsi classé au septième rang mondial pour ce qui était de la compétitivité de son économie!

En fait, et alors même que deux rapports rédigés par les experts comptant parmi les plus reconnus de la finance internationale «officielle» encensent la banque et la régulation financière islandaises[1], toutes les condi-

http://www. google.com/hostednews/afp/article/ALeqM5i_8I
vTANWHSQ6zt8mF5Kxj8mU81g?docId=CNG.613bea31ca2dfb
51007376451423f687.421.

1. Il s'agit du rapport de Frederic Mishkin (professeur à l'université Columbia et qui exerça de hautes fonctions à la Federal Reserve Bank de New York de 1994 à 2007), intitulé «Financial Stability in Iceland» (*sic!*) et publié en 2006, et de celui de

tions sont réunies pour la survenue de la catastrophe. La grenouille financière islandaise est parvenue à se faire aussi grosse que le bœuf. Il ne lui reste plus qu'à exploser. Avec un système bancaire totalement surdimensionné et extraverti, l'économie islandaise est plus que toute autre exposée aux aléas de la conjoncture financière internationale.

La fin des mirages

Après une première alerte en 2006, les difficultés se manifestent à l'été 2007 avec le début de la crise dite des subprimes. L'économie islandaise ralentit rapidement. La faillite de Lehman Brothers le 15 septembre 2008 précipite les choses.

Le marché interbancaire mondial s'assèche brutalement. Les banques ne se prêtent plus les fonds indispensables à l'exercice de leur activité. Pour les banques

Richard Portes, professeur à la London Business School, intitulé «The Internationalisation of the Iceland's Financial Sector», publié en 2007. Les deux rapports, commandités après la crise qui a secoué l'Islande en 2006, insistent pourtant sur la solidité de la finance islandaise, l'excellence de son parcours et la qualité de la supervision exercée par les autorités. Ces textes sont disponibles aux adresses suivantes : http://www.vi.is/files/555877819Financial % 20Stability % 20in % 20Iceland % 20Screen % 20Version.pdf et http://www.iceland.org/media/jp/15921776Vid4WEB.pdf.

islandaises, cela signifie la fin du mirage. Privées des ressources qu'elles puisaient sur le marché financier international, elles sont totalement asphyxiées. Les montants en jeu sont tellement considérables que l'État et la banque centrale sont incapables – l'auraient-ils voulu – de les renflouer. Le surdimensionnement de la finance locale s'est traduit en effet par cette conséquence majeure : il n'y avait plus de prêteur en dernier ressort ; la banque centrale était une sorte de nain par rapport aux banques privées.

Dans ce contexte, les événements s'accélèrent. En un peu plus d'une semaine, le système financier islandais est balayé. Les trois grandes banques (qui représentaient alors, rappelons-le, 85 % des actifs bancaires islandais) s'effondrent. On fait face à une cessation générale de paiement.

Dans un premier temps, l'État islandais envisage de se porter au secours des banques. C'est ainsi que, le 29 septembre 2008, le gouvernement annonce le rachat de 75 % de Glitnir pour 600 millions d'euros. Chacun comprend que cela n'est qu'un prélude. C'est évidemment tout le système bancaire et financier qui aura besoin des fonds publics. Du coup, l'annonce de la nationalisation de Glitnir déclenche une crise de confiance. Standard & Poor's (qui, comme les autres agences de notation, avait porté la banque islandaise aux nues pendant toute la période au cours de laquelle elle s'était constitué une dette parfaitement insolvable) dégrade

Crise, faillite et défaut

fortement la note de l'Islande, provoquant une montée aux extrêmes de la prime de risque attachée à ce pays.

Mais la prise de contrôle annoncée ne se fera pas. En pratique, la restructuration suivra ici une tout autre voie qu'en Irlande. La nécessité de faire face avec des moyens originaux s'impose d'autant plus fortement que, sur le front externe (celui du taux de change couronne/devises), les choses se dégradent à grande vitesse. En effet, comme on l'a vu, la plupart des dettes étant libellées en devises étrangères (dollars, livres sterling ou euros), la chute de la valeur relative de la monnaie nationale entraîne une croissance formidable de la dette. Les autorités monétaires tentent donc d'abord de contenir et de fixer la parité entre la couronne et l'euro. Cette politique de *containment* du taux de change échoue. La banque centrale doit vite renoncer à défendre sa monnaie. La couronne s'effondre (voir graphique 4). Dans le même temps, les échanges à la Bourse de Reykjavík sont suspendus jusqu'au 13 octobre. L'agence de notation Ficht dégrade à son tour la note islandaise, contribuant ainsi à renchérir tout recours à l'endettement privé international [1].

Le niveau des dettes bancaires privées étant totalement hors de portée de l'État islandais car *plusieurs fois*

---

1. Une chronologie minutieuse de la crise islandaise est proposée dans Tryggvi Pálsson, «Coping With a Banking Crisis», art. cité.

supérieur à son PIB, les autorités esquissent une stratégie originale. Au lieu d'envisager de se porter garantes des banques et de transformer la dette privée en dette souveraine, comme en Irlande [1], l'idée qui va s'imposer au fil du temps est, à partir des entités que constituent les grandes banques en faillite, de séparer nettement les activités domestiques des engagements internationaux, d'assurer la continuité des premières et d'organiser la liquidation des autres. C'est ainsi que, au sein des trois grandes banques, les activités domestiques (dépôts des résidents, financement des activités locales...) sont séparées du reste. Ces activités regroupées donnent naissance à trois nouveaux établissements qui prennent le nom de New Landsbanki, New Glitnir et New Kaupthing (les «Nouvelles Banques»). Les actifs transférés aux «Nouvelles Banques» sont évidemment facturés et transformés en créances des anciennes banques sur les nouvelles. Le reste des activités demeurées dans les «Anciennes Banques» est destiné à être placé sous administration judiciaire en vue de leur liquidation.

1. Il faut rappeler que les défauts de Kaupthing et de Glitnir figurent parmi les six plus élevés connus entre 1920 et 2008, le classement étant le suivant : 1° Lehman Brothers en 2008 (120,4 milliards de dollars) ; 2° Worldcom en 2002 (33,6 milliards de dollars) ; 3° GMAC en 2008 (29,8 milliards de dollars) ; 4° Kaupthing en 2008 (20,1 milliards de dollars) ; 5° Washington Mutual en 2008 (19,3 milliards de dollars) ; 6° Glitnir en 2008 (18,7 milliards de dollars).

Crise, faillite et défaut

Pour le dire en clair, ce sont les actionnaires et les créanciers internationaux des «Anciennes Banques» qui subiront les effets de la crise et en assumeront le coût. La dette privée bancaire sera payée par les créanciers qui en sont à l'origine.

La mise en liquidation des «Anciennes Banques»

Pour exécuter ce plan stratégique, l'État islandais va tout à la fois s'appuyer sur la réglementation existante concernant les faillites et, pour ses besoins immédiats, faire voter en urgence une série de nouvelles lois lui permettant de conduire à bien ce processus de mise en liquidation de manière ordonnée.

Les choses se font à un rythme rapide. Le 6 octobre 2008, le Parlement amende en urgence le *Financial Undertakings Act* (loi n° 161/2002 de décembre 2002[1]) en votant l'*Emergency Act* (loi n° 125/2008[2]). Cette loi va permettre à l'autorité de surveillance financière (Fjármálaeftirlitið, ci-après dénommée FME) de prendre le contrôle de toute institution financière en difficulté, d'en dissoudre le conseil d'administration et de

1. Voir le texte de cette loi en anglais à l'adresse suivante : http://eng.idnadarraduneyti.is/laws-and-regulations/nr/1263.
2. Voir le texte de cette loi en anglais à l'adresse suivante : http://www.efnahagsraduneyti.is/media/frettir/Act_No._125-2008__unusual_financial_market_circumstances_13.10.2008.pdf.

nommer un *resolution committee* (conseil d'administration provisoire). Sous la tutelle de la FME, ce comité
de résolution dispose des pleins pouvoirs. Il cumule
ceux du conseil d'administration et ceux de l'assem-
blée générale des actionnaires. Il s'occupe de la gestion
des activités de la banque et conduit ses opérations
commerciales. Dans la perspective de la liquidation, il
a pour mission de veiller à maximiser la valeur des actifs
qui vont servir à indemniser les créanciers.

Dès le lendemain (7 octobre 2008) intervient la
première mesure de la FME dans le nouveau cadre légis-
latif : elle prend le contrôle de Landsbanki et de Glitnir.
Quelques jours plus tard, ce sera le tour de Kaupthing.
Les trois banques sont placées en redressement judiciaire
avec à leur tête un comité de résolution chargé de mener
à bien la procédure. Les activités domestiques sont séparées des engagements internationaux et les «Nouvelles
Banques» sont constituées. Ce sont les «Anciennes
Banques», conservant les anciennes dénominations, qui
entrent dans le processus conduisant à leur liquidation.

Pour mener celui-ci à bien, le Parlement se dote d'instruments juridiques complémentaires [1]. La nouvelle loi

---

1. Le Parlement amende de nouveau le *Financial
Undertakings Act* de 2002 en votant, le 14 novembre 2008, le
November Amendment (loi n° 129/2008). En effet, une loi spécifique est nécessaire en raison de l'incertitude liée au statut juridique des banques et afin de fournir un cadre cohérent pour la
restructuration de leurs dettes. Bien que relativement efficace

Crise, faillite et défaut

donne aux entreprises financières en difficulté la possibilité de recourir à un moratoire (voir encadré ci-dessous) [1]. Il a pour but d'accorder un délai aux banques afin qu'elles puissent procéder à l'établissement de la valeur de leurs actifs, mener des négociations et, le cas échéant, passer des accords avec leurs différents créanciers étrangers. La durée maximale du moratoire est portée à vingt-quatre mois. Il est essentiel de noter que, au cours de cette période, les banques disposent de certaines protections à l'égard de leurs créanciers. À quelques exceptions près, de nouvelles actions judiciaires ne peuvent être intentées tant que celles en cours sont ajournées.

Les créanciers sont appelés à jouer un rôle actif dans la procédure. Ainsi, la loi dispose qu'une réunion des créanciers doit être organisée pour leur permettre d'exprimer leur point de vue et de contester les décisions prises par la banque, voire de s'y opposer [2]. En pratique, c'est le tribunal régional de Reykjavík qui prononce

en temps normal, le régime de mise en faillite doit être affiné, notamment pour faciliter l'organisation de réunions entre les créanciers et la banque.

1. Pour les trois banques, il existe plusieurs dérogations aux règles générales du projet de loi sur la procédure de liquidation. Ces dérogations sont décrites en détail en anglais à l'adresse suivante : http://eng.innanrikisraduneyti.is/laws-and-regulations/english/nr/6570.

2. Conformément au droit européen, américain et canadien, tous les créanciers issus de ces régions devront se conformer aux règles islandaises.

le moratoire pour Glitnir et Kaupthing le 24 novembre 2008. Quelques jours plus tard (le 5 décembre), Landsbanki entre dans ce périmètre.

Les choses n'en restent pas là : le 15 avril 2009, le Parlement amende une seconde fois le *Financial Undertakings Act* en votant la loi n° 44/2009 modifiant la nature et le contenu du moratoire[1]. À côté du comité de résolution consacré à la gestion au quotidien de la banque, la loi dispose qu'un comité de liquidation doit être mandaté par le tribunal pour administrer formellement le moratoire, enregistrer les réclamations émanant des créanciers et statuer sur leur recevabilité. Dans la foulée, le tribunal de Reykjavík désigne un comité de liquidation pour Landsbanki (29 avril), Glitnir (12 mai) et Kaupthing (25 mai).

> ### Le Moratoire sur les Banques
> ### placées sous administration
> #### Procédure & étapes
>
> (1) Le comité de liquidation publie, notamment au Journal officiel islandais et au Journal officiel de l'Union européenne, une invitation aux créanciers à produire leurs créances, assortie d'un délai fixé par le comité. Les créances sont présentées par

---

1. Voir le texte de la loi en anglais à l'adresse suivante : http://eng.efnahagsraduneyti.is/laws-and-regulations//nr/2911.

Crise, faillite et défaut

courrier au conseil de liquidation. Il revient aux créanciers de calculer leur montant dans la devise concernée.

(2) Lorsque la période de réclamation expire, le comité enregistre les demandes, statue sur leur recevabilité, recalcule la valeur des créances, puis les classe selon un ordre de priorité fixé par la loi sur la faillite. Toute créance non présentée dans le délai est considérée comme nulle et non avenue. Par ailleurs, les créanciers en désaccord avec les décisions du comité peuvent les contester. Une décision non contestée est de fait définitive.

(3) Des réunions de créanciers sont organisées pour débattre de la liste des créances produites et des décisions du conseil de mise en liquidation. En cas de désaccord, une réunion «spéciale» est organisée.

(4) Si un différend concernant une réclamation n'est pas résolu, le comité de liquidation transfère la demande à la justice islandaise, quelle que soit la domiciliation du créancier, qui statue.

(5) Si les actifs de la banque sont insuffisants pour rembourser dans leur intégralité les créances, un accord est cherché (accord de composition) avec les créanciers pour les rembourser au prorata de leur créance. En l'absence d'accord, la banque est mise en faillite.

20 ANS D'AVEUGLEMENT

À l'issue de ce processus, la liquidation des trois banques a été prononcée par le tribunal régional de Reykjavík (22 novembre 2010). À cette date, selon le Journal officiel de l'Union européenne – qui, du fait de l'appartenance de l'Islande à EEE, a rendu compte officiellement de ces décisions [1] –, le bilan des banques se présentait comme suit : les actifs de Glitnir étaient estimés à environ 783 milliards de couronnes islandaises pour un passif d'environ 2 838 milliards, soit un déficit de 2 055 milliards (environ 12,8 milliards d'euros) ; les actifs de Landsbanki s'élevaient à environ 1 138 milliards de couronnes islandaises pour un passif d'environ 3 427 milliards, soit un déficit de 2 289 milliards (environ 14,3 milliards d'euros). Pour ces deux seules banques, la différence entre les passifs et les actifs était donc de 27 milliards d'euros [2]. Ce sont

1. Voir la publication de ces décisions dans le Journal officiel de l'Union européenne aux adresses suivantes :
http://eur-lex.europa.eu/LexUriServ/LexUriServ.do?uri=OJ:C:2011:022:0004:0005:FR:PDF ;
http://eur-lex.europa.eu/LexUriServ/LexUriServ.do?uri=OJ:C:2011:007:0028:0029:FR:PDF ;
http://eur-lex.europa.eu/LexUriServ/LexUriServ.do?uri=OJ:C:2010:341:0012:0013:FR:PDF.
2. Ces calculs sont faits à partir d'un taux de change 270 ISK/1 euro, qui est celui qui prévaut au moment où cette note est rédigée (mars 2011). Il est important de souligner que les évaluations de la dette islandaise varient au cours du temps. Deux facteurs expliquent ces variations. Le premier est l'évo-

128

Crise, faillite et défaut

les créanciers étrangers des banques islandaises (en pratique, les banques et les investisseurs institutionnels qui avaient été attirés par les forts taux de rendement proposés par les banques islandaises pendant leur période de croissance effrénée) qui vont devoir assumer ces pertes.

L'épine dans le pied :
Icesave, le Royaume-Uni, le FMI et l'UE

L'ordonnancement prévu par le gouvernement islandais, à savoir assurer la continuité des activités domestiques et faire défaut sur les créances étrangères, ne pourra pourtant être intégralement mis en œuvre. La principale pomme de discorde est Icesave, banque en ligne de Landsbanki, qui, avant la crise, avait su attirer vers elle d'importants placements des investisseurs étrangers, d'abord britanniques, et, dans une moindre mesure, d'investisseurs localisés aux Pays-Bas et dans des pays du nord de l'Europe.

lution du cours couronne/devises : comme ce cours évolue, la dette elle-même change de grandeur. Le second facteur est lié aux variations qui affectent l'évaluation des actifs encore détenus par les banques. Lorsque ces actifs sont constitués par exemple d'actions, la dette évolue avec la valeur des actions elles-mêmes. Or, comme on sait depuis 2008 – année qui fut le point le plus bas –, la valeur des actions a fortement augmenté (d'environ 40 % suivant les places où ces actions sont cotées).

Nous sommes au début d'octobre 2008, au moment où le gouvernement islandais s'apprête, *via* la FME, à prendre le contrôle de ses banques. Le 7 octobre, l'agence de régulation annonce dans un communiqué de presse que les activités domestiques de Landsbanki se poursuivront comme de coutume et que les dépôts domestiques seront entièrement garantis.

Le Royaume-Uni recourt à sa loi anti-terroriste de 2001

C'est ce moment que choisit le gouvernement du Royaume-Uni pour passer à l'action[1]. Dans un premier temps, en utilisant des dispositions du *Banking (Special Provisions) Act* de 2008, il transfère les dépôts de Heritable Bank (une filiale de Landsbanki dans laquelle la banque elle-même venait de transférer tous les avoirs de ses établissements de Guernesey) à une holding dépendant du Trésor britannique, et procède à la vente

---

1. Pour situer le contexte de cette initiative, il faut rappeler que les autorités britanniques sont elles-mêmes, au moment de la débâcle islandaise, confrontées à la débâcle de la banque Northern Rock. On se souvient que, pour tenter de mettre fin à la panique des déposants, qui faisaient la queue pour retirer leurs avoirs, le gouvernement britannique s'était déclaré garant des dépôts, avant de tout simplement – cette annonce ne suffisant pas à calmer la panique – procéder à la nationalisation de Northern Rock.

Crise, faillite et défaut

de ces actifs à la banque hollandaise ING Direct pour 1 milliard de livres sterling.

Mais cela n'est qu'un premier pas. Le 8 octobre à 10 heures du matin, le ministre de l'Échiquier Alistair Darling annonce le gel et la saisie de tous les avoirs de Landsbanki sur le territoire du Royaume-Uni. Cette décision est effective dix minutes plus tard. Point capital : elle s'appuie sur des dispositions de l'*Anti-terrorism, Crime and Security Act* de 2001, voté au lendemain de l'effondrement du World Trade Center de New York afin de permettre de saisir les avoirs d'Al-Qaida et de ses complices dans les banques britanniques. Ainsi, après avoir été portée aux nues pour avoir réussi à promouvoir une industrie financière de classe mondiale, l'Islande est placée sur la même liste d'«États voyous» que la Corée du Nord et l'Iran [1].

Fort de la capture des avoirs des banques islandaises, le Premier ministre Gordon Brown (suivi en cela par son homologue néerlandais) annonce ensuite qu'il garantit les dépôts de ses ressortissants auprès d'Icesave, puis qu'il entend se retourner contre le gouvernement islandais pour obtenir la compensation des avoirs des ressortissants britanniques, estimés alors à

---

1. Cette mesure du gouvernement britannique conduit à se demander : ne s'agit-il pas d'un dangereux mais intéressant précédent ? Faut-il comprendre que les lois anti-terroristes sont applicables aux banquiers indélicats ? Voilà qui fait rêver...

4 milliards de livres sterling. (Il est utile ici de préciser que les saisies d'actifs islandais effectuées par le Trésor du Royaume-Uni portent sur un montant estimé supérieur à 4 milliards de livres.) Enfin, la Financial Services Authority (FSA) britannique déclare en défaut Kaupthing Singer & Friedlander, la filiale anglaise de Kaupthing, et vend Kaupthing Edge, la banque en ligne de Kaupthing, à ING Direct. C'est ainsi que 2,5 milliards de livres de dépôts de 160 000 clients sont vendus à la banque néerlandaise et rentrent de ce fait dans les caisses du Trésor de Sa Gracieuse Majesté, reine d'Angleterre. Côté islandais, on soutiendra – non sans motifs – que ces brutales saisies et soustractions d'actifs sont une des causes de la faillite précipitée des banques du pays – Kaupthing ayant été, dans la foulée immédiate de cette saisie, mise en liquidation.

Quoi qu'il en soit, l'action unilatérale du Royaume-Uni ouvre une crise diplomatique majeure entre ce pays et l'Islande. Elle durera plusieurs mois et compliquera grandement la mise en place du plan de sortie de crise islandais[1]. La situation est d'autant plus tendue qu'elle se double d'une crise analogue (mais sans loi anti-terroriste) avec les Pays-Bas, lesquels exigent que l'Islande garantisse aussi les dépôts des

1. Le Royaume-Uni lèvera l'ordonnance de blocage le 15 juin 2009, après qu'un accord de principe aura été trouvé.

Crise, faillite et défaut

clients néerlandais d'Icesave. La crise économique débouche ainsi sur des tensions explicitement politiques, qui vont désormais prendre le pas sur toute autre considération.

Le rôle du FMI

Au moment même où se noue ce conflit et où la FME prend le contrôle des banques, l'État islandais, le dos au mur, cherche une porte de sortie. Les États-Unis sont approchés. Dans le même temps, une délégation islandaise se rend à Moscou – menace à peine voilée adressée par l'Islande à ses voisins et partenaires de l'OTAN.

Finalement, c'est le FMI qui est officiellement sollicité. Après des contacts dans le courant du mois d'octobre, l'organisation internationale dépêche une équipe à Reykjavík au début de novembre 2008. Les négociations portent sur une aide de 1,6 milliard d'euros visant à permettre à l'État islandais d'assurer ses dépenses quotidiennes. Le prêt prendra la forme d'un «accord de confirmation» sur deux ans. Une première tranche d'environ 640 millions d'euros doit être débloquée immédiatement. Huit autres tranches de quelque 120 millions d'euros suivront, sous réserve de réexamens trimestriels et du respect par le gouvernement islandais des engagements qu'il aura pris.

La contrepartie suppose la poursuite de plusieurs objectifs conjoints. Il s'agit d'abord de prévenir la dépréciation de la couronne islandaise. La banque centrale du pays s'engage à relever de 6 points son principal taux directeur, désormais porté à 18 %, pour endiguer l'inflation galopante (voir graphique 5) et contenir le gonflement des dettes libellées en devises. Le contrôle des changes est instauré le 28 novembre 2008 pour bloquer la fuite des capitaux. Mais surtout – de même qu'en Irlande ou en Grèce – le gouvernement islandais s'engage à assurer rapidement un retour à l'équilibre budgétaire. Les taux d'imposition sur les revenus sont relevés, de nouvelles taxes introduites, et les dépenses publiques réduites. L'accord représente un effort budgétaire de 3 % du PIB par an jusqu'en 2013 [1]. Comme en Grèce et en Irlande, cela signifie une multiplication des coupes dans les dépenses sociales et une purge imposée aux salariés et aux classes pauvres [2].

Mais le FMI reporte la signature de l'accord. Il entend la conditionner à la satisfaction de la demande du Royaume-Uni et des Pays-Bas, c'est-à-dire à la résolution préalable du différend autour d'Icesave. Sous cette pression, un « accord de principe » est trouvé le

1. Étude économique de l'Islande, OCDE (2009).
2. Sur l'impact social des engagements budgétaires imposés par le FMI, voir l'article suivant :
http://www.solidariteetprogres.org/article5863.htm

Crise, faillite et défaut

14 novembre[1]. Le FMI et l'Islande signent donc le 19 novembre. Le 20, le soutien du FMI est complété par des prêts d'État à État : Danemark, Finlande, Norvège et Suède, en particulier, octroient à l'Islande un prêt conjoint de 2 milliards d'euros.

Les mois qui suivent la signature de cet accord sont calamiteux pour l'économie islandaise. Le PIB se contracte brutalement : il recule de 6,9 % en 2009 (voir graphique 6). Les faillites se multiplient. Le taux de chômage grimpe en quelques mois de 3 % à 9 % (voir graphique 7). Avec la forte dépréciation de la couronne (voir graphique 4), les importations coûtent plus cher et l'inflation s'envole (voir graphique 8). Les salaires nominaux baissant, le pouvoir d'achat (ou salaire réel) se contracte brutalement (voir graphique 9). Endettés en devises étrangères, de nombreux ménages voient le montant de leurs échéances plus que doubler[2]. Nombreux sont ceux qui ne peuvent plus rembourser ou s'estiment en difficulté (voir tableau 1). En outre, la nationalisation des banques revient à tirer un trait sur trois quarts de la capitalisation boursière du pays. La bourse s'effondre (voir graphique 10). Les 85 000 petits actionnaires qui avaient misé en partie sur les valeurs

1. «Accord de principe» car, comme nous le verrons, certaines modalités pratiques restaient à régler.
2. Selon les estimations du gouvernement, près de 10 % de la population a souscrit un prêt en devises étrangères.

20 ANS D'AVEUGLEMENT

bancaires n'ont plus rien. La note de la dette souveraine dégringole jusqu'à un niveau proche des placements à caractère spéculatif.

L'entrée en lice du peuple islandais
et le référendum du 6 mars 2010

Sous la pression de la population, qui multiplie les
manifestations [1], le gouvernement conservateur démis-
sionne au début de l'année 2009, après dix-huit années
au pouvoir. Une union entre sociaux-démocrates et verts
prend les rênes du pays, avec l'ambition d'entrer au plus
vite dans l'UE et d'adopter l'euro [2]. Le 17 juillet 2009, la
candidature à l'entrée dans l'Union est officiellement
déposée. (Quelques mois plus tard, le 24 février 2010, la
Commission européenne recommandera l'ouverture de
négociations [3].)

---

1. Tous les samedis, les Islandais manifestent devant le
Parlement avec tambours, casseroles et bidons. C'est la «révolution des casseroles».
2. La question européenne divise toutefois profondément la
coalition.
3. Pour une présentation de l'attitude générale de l'UE et des
initiatives qu'elle a prises au cours de la crise des dettes souveraines en Europe, voir Henri Sterdyniak, «Crise de la zone
euro», *supra*, p. 21.

136

Crise, faillite et défaut

Le conflit Icesave et sa résolution

Rien ne pouvait être fait tant que le conflit Icesave ne trouvait pas de solution. De fait, il fallut attendre plusieurs mois avant que le réputé « accord de principe » signé le 14 novembre 2008 soit remis sur le métier et trouve un contenu. Finalement, à partir de février 2009, l'Islande, le Royaume-Uni et les Pays-Bas s'engagent dans des négociations formelles. Elles dureront à leur tour plusieurs mois. Elles se concluront par un protocole d'accord établi le 5 juin 2009[1]. L'habillage juridique trouvé consiste à postuler que le Royaume-Uni et les Pays-Bas, qui ont indemnisé leurs déposants dans Icesave, ont ce faisant accordé un « prêt » à l'Islande. Le protocole (intitulé *Loan Agreement*) vise alors à fixer les conditions du remboursement de ce prêt. Ses principales modalités sont les suivantes :

• vis-à-vis de la Grande-Bretagne, l'Islande s'engage à rembourser un capital de 2,35 milliards de livres sterling. Pendant sept ans, cependant, elle n'aura pas à effectuer de remboursements. Ceux-ci s'effectueront entre 2016 et 2024, en 32 versements trimestriels, avec un taux d'intérêt fixé à 5,55 % (fort élevé, donc) ;

• l'accord avec les Pays-Bas, d'un montant de 1,33 milliard d'euros, reproduit les mêmes termes que l'accord anglais.

1. Texte anglais disponible à l'adresse suivante : http://mbl.is/media/47/1547.pdf

Par ailleurs, aux termes de cet accord, le Royaume-Uni et les Pays-Bas obtiennent que le Parlement islandais apporte sa garantie à la bonne exécution du remboursement de la dette (capital et intérêts) ainsi qu'un engagement – rédigé dans des termes ambigus – à traiter les créditeurs de Landsbanki en accord avec les «principes internationaux ou européens des créditeurs dans le cadre d'une liquidation internationale[1]».

Présenté au Parlement afin qu'il soit doté de la base légale nécessaire pour confirmer la garantie d'État prévue, le texte, sur ce point notamment, fait l'objet d'un débat houleux. Nombre de voix se font entendre pour rappeler qu'il est question dans cette affaire d'une dette privée de Landsbanki vis-à-vis de certains de ses déposants britanniques ou néerlandais, et que l'État n'a pas à se porter garant. Les critiques portent aussi sur le fait que le remboursement constitue une menace pour la reprise de l'activité et représente un fardeau insupportable pour les générations futures.

---

1. Voir Michael Waibel, «Iceland's Financial Crisis – *Quo Vadis*», *American Society of International Law*, vol. 14, n° 5, 1er mars 2010. Cette dernière disposition renvoie aux désaccords entre les signataires sur la question de savoir si et dans quelles conditions le système de garantie aux déposants prévu par la directive 94/19/EC sur les fonds de garantie des dépôts s'applique aux non-résidents. Il s'agit évidemment d'un point capital.

Crise, faillite et défaut

Le 28 août, le Parlement avalise finalement un texte amendé[1].

Les principaux changements apportés au texte initial concernent les conditions dans lesquelles s'exerce la garantie d'État. Les parlementaires lui fixent en effet un plafond : elle ne pourra excéder 6 % (dont 4 % iront à la Grande-Bretagne et 2 % aux Pays-Bas) de la *progression* du PIB exprimé en livres et en euros. L'objectif est que la charge du remboursement ne puisse en aucun cas entraver l'exercice des fonctions souveraines de l'État.

Est aussi introduite une clause ouvrant la possibilité d'une révision de l'accord s'il se révélait, après recours aux juridictions compétentes, que l'Islande n'était pas tenue de couvrir les dépôts effectués dans Icesave[2]. Ce texte, qui restera sous le nom de «Icesave 1», voté par

---

1. Les élus ont donné leur feu vert à une très petite majorité : sur les 63 députés, 34 ont voté en faveur de l'accord, 14 ont voté contre, 14 se sont abstenus, et il y avait un absent.
2. Michael Waibel, «Iceland's Financial Crisis», art. cité. La question extrêmement sensible, et à ce jour non encore tranchée, de savoir si, en droit, Landsbanki et/ou l'État islandais sont tenus d'apporter leur garantie aux déposants britanniques et néerlandais est une épée de Damoclès qui pèse sur les négociateurs, chacune des parties menaçant l'autre de cesser les négociations pour s'en remettre aux cours de justice. Alain Lipietz donne une interprétation des textes communautaires favorable aux Islandais dans une note postée sur son site le 17 février 2010, «Les Islandais ne doivent pas payer» : http://lipietz.net/spip.php?article2517.

le Parlement, ne satisfait pas les gouvernements britanniques et néerlandais car il est jugé trop riche d'exemptions. Les deux pays usent de leur influence pour obtenir une renégociation et menacent explicitement d'obtenir la cessation de l'aide dispensée par le FMI. L'UE, de son côté, fait preuve de la plus grande passivité en ce qui concerne le processus d'adhésion envisagé, une manière pour elle d'indiquer qu'elle conditionne la poursuite des négociations sur ce point à la résolution du différend autour d'Icesave.

Finalement, le 19 octobre 2009, un nouvel accord est trouvé. Le Royaume-Uni et les Pays-Bas acceptent certaines conditions, y compris le principe du plafonnement des paiements de la garantie apportée par l'État islandais. Le deuxième versement du FMI, initialement prévu pour le premier trimestre 2009, est débloqué. Le 30 décembre 2009, après plusieurs semaines de vifs débats, le Parlement islandais, à une courte majorité (33 voix contre 30), décide d'adopter définitivement le nouveau texte, baptisé «Icesave 2».

C'est alors que le peuple islandais, qui n'avait jamais cessé de manifester son opposition à ces accords, accentue la pression. La «révolution des casseroles» bat son plein. Le sentiment que l'accord a été imposé par l'UE et le FMI est très largement répandu. Eva Joly (alors conseillère spéciale du gouvernement islandais) met les points sur les *i* dans une tribune publiée par *Le Monde* : «L'attitude irresponsable de certains États de l'Union

Crise, faillite et défaut

européenne et du FMI face à l'effondrement de l'économie islandaise démontre leur incapacité à tirer les leçons de la remise en cause radicale du modèle qu'elle incarnait – celui de la dérégulation à outrance des marchés, en particulier des marchés financiers, que la plupart de ces mêmes acteurs ont contribué à mettre en place.» Après avoir dénoncé le caractère exorbitant des prétentions anglaises et bataves, elle conclut : «Au final, ni le FMI, ni l'Angleterre ou les Pays-Bas ne pourront être remboursés; ne resteront plus en Islande que quelques dizaines de milliers de pêcheurs retraités, ainsi que des ressources naturelles et une position géostratégique des plus importantes et à la merci du plus offrant – la Russie, par exemple, pourrait fort bien y voir un certain intérêt.»

Une pétition demandant au président Ólafur Ragnar Grímsson de refuser de promulguer la loi et d'organiser un référendum sur le sujet reçoit un nombre considérable de signatures – 56 000, dans un pays qui compte 320 000 habitants. Le président obtempère. Londres menace : en cas de vote négatif lors du référendum, la Grande-Bretagne pourrait revenir sur son appui à la candidature de l'Islande à l'entrée dans l'Union. José Manuel Barroso, président de l'UE, en pleine campagne pour sa réélection, vient au secours du Royaume-Uni, son principal soutien.

Le 6 mars 2010, pourtant, le résultat est sans appel : le peuple islandais rejette massivement le plan de remboursement. Seuls 1,7 % des électeurs y sont favorables ; 93 % se prononcent contre. Le référendum donne aussi aux Islandais l'occasion d'exprimer leur colère à l'égard de la classe politique et des banques, qu'ils jugent responsables de la crise dans laquelle le pays a sombré.

Au cours des mois suivants, les discussions continuent pour trouver un nouvel accord sur les conditions de remboursement. Après diverses péripéties, un accord est signé le 9 décembre 2010. Bien plus favorable à l'Islande que le précédent, il innove sur plusieurs points.

• Les remboursements en capital ne commenceront à être effectués qu'à partir de 2016 et pourront s'étaler sur une période de trente ans. Cela donne à l'Islande le temps d'absorber la crise actuelle et lui évite d'être pénalisée par des remboursements trop élevés ou trop précoces.

• Les taux d'intérêt sont fortement abaissés par rapport à l'accord précédent : ils sont ramenés de 5,5 % à 3,2 % (3 % pour les Pays Bas, 3,5 % pour le Royaume-Uni), soit une réduction de 162 milliards de couronnes islandaises (1,1 milliard d'euros) à moins de 50 milliards de couronnes islandaises (328 millions d'euros).

• Enfin, la clause qui dispose que la garantie d'État ne peut excéder 6 % de la progression du PIB exprimé en livres et en euros est avalisée. Il s'agit là d'une importante victoire politique pour les Islandais : les remboursements restent conditionnés à la réussite économique du pays. Ils ne constitueront pas des contraintes qui s'imposeront en toute circonstance (comme c'est le cas pour les «prêts»

Crise, faillite et défaut

consentis à la Grèce, par exemple) et ne risquent pas de grever trop lourdement le développement de l'île.

L'irruption du peuple islandais sur la scène sociale s'est donc traduite par des résultats très significatifs. Ajoutons qu'il est admis aujourd'hui que, par le jeu des restructurations et des transferts d'actifs, la «New Landsbanki» (créée sur les ruines de l'ancienne banque du même nom) est à même de couvrir quelque 75 % de la dette totale sur ses actifs propres.

Pourtant, à l'heure où ces lignes sont écrites (mars 2011), une nouvelle indécision pèse sur l'avenir de l'accord signé le 9 décembre 2010. En effet, bien qu'il ait été voté, il n'a pas, à la surprise générale, été promulgué par le président. Ce qui, comme dans l'épisode précédent, implique la tenue d'un nouveau référendum dont la date a été fixée au 9 avril 2011. En Islande, nombreux sont ceux qui continuent de penser que, en tout état de cause, l'État (et donc les citoyens) n'a pas à payer pour des dettes privées contractées par une banque privée, *a fortiori* par une des agences de cette dernière installée sur un sol étranger. Certains esprits malins posent la question de savoir si Sa Gracieuse Majesté et son gouvernement auraient agi comme ils l'ont fait avec l'Islande si Icesave avait été une agence de Goldman Sachs ou de Citibank !

Pour conclure

Quels enseignements tirer de l'analyse de cette crise et de son mode de résolution particulier ?

Tout d'abord, l'analogie avec l'Irlande ne peut qu'être soulignée concernant les origines et les causes de la crise. Dans les deux cas, c'est grâce à un cadre réglementaire très lâche et pratiquement aboli par la libéralisation financière que des «petits pays» ont cru pouvoir construire des pôles bancaires et financiers disproportionnés, alimentés par l'appel à la dette sur les marchés financiers internationaux. Dans les deux cas, une certaine prospérité a pu, pendant un temps, se développer à la faveur de bulles immobilières et d'engagements dans des montagnes de dettes qui, bien sûr, se sont révélées un jour non solvables. Dans les deux cas, les règles d'«autorégulation» que les banques avaient imposées – en remplacement des règles antérieures – ont eu des effets catastrophiques. Dans les deux cas, enfin, le FMI et l'UE ont pesé de tout leur poids pour convertir (ou pousser à convertir) les dettes bancaires privées en dettes publiques et ainsi contraindre les peuples à payer les frasques des banquiers, au lieu de chercher à les faire payer par ces derniers.

Mais là s'arrêtent les analogies. Car, à la différence du cas irlandais, le cas islandais est un cas majeur de restructuration générale de la dette. Deux directions ont été suivies. D'une part, les grandes banques ont été

Crise, faillite et défaut

mises en liquidation. Les créanciers ne se rémunéreront qu'à hauteur des actifs disponibles. Ils assumeront donc le risque qu'ils ont encouru, après avoir tiré tout le bénéfice des prêts auxquels ils ont procédé à travers les taux d'intérêt très élevés qui leur avaient été consentis. D'autre part, dans l'affaire Icesave, malgré la pression exercée par le Royaume-Uni, les Pays-Bas, le FMI et l'UE, la mobilisation du peuple islandais a modifié la donne. Le référendum obtenu de haute lutte a permis de remettre en chantier les compromis initiaux et de parvenir à un accord avec les créanciers, accord qui se traduit par un rééchelonnement significatif de la dette et par un taux d'intérêt bien plus bas que celui initialement négocié.

Ces éléments, combinés au fait que l'Islande, non membre de la zone euro, peut désormais bénéficier d'un taux de change abaissé, expliquent le mieux de l'économie islandaise que l'on constate aujourd'hui [1].

---

1. Après sept trimestres consécutifs de recul, l'activité a recommencé à progresser (+1,2 %) au troisième trimestre 2010, tirée par la consommation des ménages et les exportations, que stimule une couronne plus compétitive. L'inflation, qui avait culminé au-delà de 10 %, est redescendue aux alentours de 2,5 % en fin d'année. L'objectif de la banque centrale étant atteint, le taux d'intérêt directeur a fortement diminué (voir graphique en annexe). Le chômage a également reflué pour atteindre 6 % au troisième trimestre 2010 (voir graphique 7 en annexe).

L'avenir, bien sûr, reste hautement incertain. Mais ce qui s'est joué en Islande au cours de l'année 2010 avec les conflits autour de la restructuration de la dette est d'une grande importance. Le président islandais déclarait ainsi de façon prémonitoire en octobre 2010 : « Peut-on demander aux gens ordinaires – les agriculteurs et les pêcheurs, les enseignants, les docteurs et les infirmières – d'assumer la responsabilité de la faillite des banques privées ? Cette question, qui fut au cœur du débat dans le cas de la banque islandaise Icesave, va être la question brûlante dans de nombreux pays européens. » Pour cette raison au moins – qui, on en conviendra, n'est pas mineure –, la « voie islandaise » mérite d'être étudiée et analysée de plus près.

N.B. Les auteurs tiennent à remercier ceux qui ont contribué, par leurs remarques ou leurs critiques, à améliorer la première version de ce texte. Une mention toute particulière à Michel Sallé, auteur régulier de « Chroniques islandaises », dont la disponibilité et la compétence ont souvent été d'un grand secours pour aider à débrouiller nombre des questions analysées dans ces pages[1].

1. Les « Chroniques islandaises » sont consultables à l'adresse suivante :
http://www.iceland.org/fr/lambassade/tout-sur-Islande/bulletin-mensuel

Crise, faillite et défaut

ANNEXES

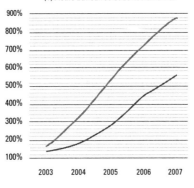

(1) Actifs bancaires et dettes externes

— Actifs bancaires/PIB — Dettes externes/PIB

(2) Évolution du ROE

— Glitnir — Landsbanki — Kaupthing

20 ANS D'AVEUGLEMENT

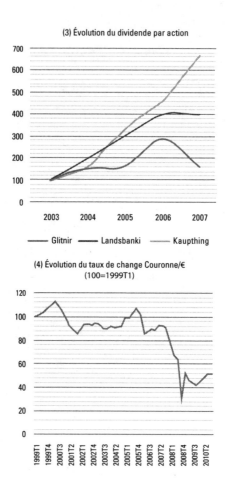

Crise, faillite et défaut

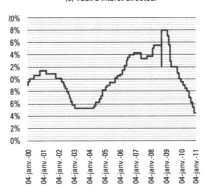

(5) Taux d'intérêt directeur

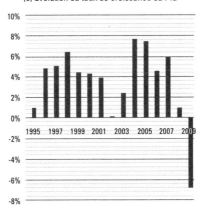

(6) Évolution du taux de croissance du PIB

20 ANS D'AVEUGLEMENT

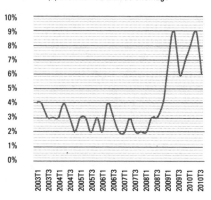

(7) Évolution du taux de chômage

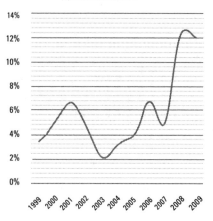

(8) Évolution de l'IPC

Crise, faillite et défaut

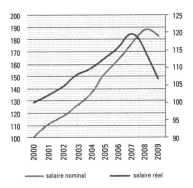

(9) Évolution des salaires médians et réels

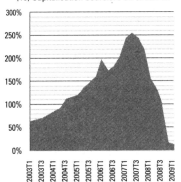

(10) Capitalisation boursière en % du PIB

Sources : Institut de statistique islandais : taux de croissance du PIB, taux de chômage, IPC, salaire médians et réels. Eurostat : Taux de change nominal. OCDE : Actifs/PIB, Capitalisation boursière/PIB, dettes externes/PIB. Rapports d'activité : ROE, dividende par action.

Tableau 1 : Ménages rencontrant des difficultés
(en % du total des ménages)

(en % du total des ménages)	2004	2005	2006	2007	2008	2009	2010
Arriérés (hypothécaires ou loyer)	9,4	8	5,7	5,8	5,5	7,1	10,1
Le coût du logement est un fardeau	12,4	11,6	9,9	9,6	11,8	15	16,5
Arriérés (autres prêts)	10,7	7,9	5,8	8,4	5,5	10,3	13,3
Le remboursement des autres prêts est un fardeau	9,7	9,7	7,6	11,5	10,3	15,5	19,2
Incapable de répondre à des dépenses inattendues	36,1	38	31,9	29,8	26,9	29,8	35,9
Difficultés à joindre les deux bouts	46,2	36,8	34,8	28,4	30,1	39	49,3

Sources : Institut de statistique islandais.

Faut-il restructurer les dettes souveraines européennes?

DOMINIQUE PLIHON

Les économies européennes risquent de plonger dans une récession durable accompagnée d'une montée du chômage de masse. Cette évolution inquiétante sera le résultat des politiques de rigueur budgétaire et salariale menées conjointement par tous les gouvernements de l'Union européenne pour rassurer les marchés et endiguer la dégradation des finances publiques. Cette sombre perspective et ces politiques de rigueur sont inacceptables! Il faut libérer les économies européennes du joug de la dette et des marchés. Cela implique de restructurer à court terme les dettes souveraines, de s'attaquer frontalement au pouvoir des marchés et de jeter les bases d'une autre Europe, solidaire et écologique.

La récession et le chômage pour «rassurer» les marchés : une stratégie perdante

Pour faire face à la montée des dettes souveraines, conséquence de la socialisation des dettes privées qui avait conduit à la crise en 2007-2008, les autorités européennes n'ont trouvé qu'une seule solution : le durcissement des politiques néolibérales, c'est-à-dire des politiques d'austérité budgétaire et salariale destinées à restaurer dans les meilleurs délais (trois ans) les capacités de remboursement et de refinancement des États européens sur les marchés. Cette potion amère a été imposée à tous les pays européens, et plus particulièrement aux pays les plus fragilisés par la crise (Hongrie, Grèce, Irlande, Portugal). De telles politiques sont clairement destinées à préserver en priorité les intérêts des créanciers et à faire porter l'essentiel du fardeau des ajustements sur les contribuables et les bénéficiaires de la protection sociale.

La stratégie de «sortie de crise» mise en œuvre en Europe n'est pas soutenable, car elle est à la fois socialement injuste et économiquement inefficace. Socialement injuste, parce que ce sont les catégories sociales les plus défavorisées qui paieront le tribut le plus élevé. Économiquement inefficace, car la spirale récessive qui va frapper les pays les plus fragiles réduira leur capacité de remboursement de leur dette ; cette capacité dépend en effet de la croissance (qui conditionne l'évolution

Faut-il restructurer les dettes souveraines européennes ?

des ressources publiques) et du taux d'intérêt de la dette (résultant entre autres de la prime de risque). D'ailleurs, les marchés – qui en demandent toujours plus – n'ont pas été «rassurés» par les politiques d'austérité : les primes de risque de la Grèce et de l'Irlande n'ont pas baissé de manière significative en dépit de leurs plans d'austérité drastiques, puisque, à la fin de 2010, les taux d'intérêt à 10 ans exigés par les investisseurs s'élevaient respectivement à 11,9 % et 9,3 % pour ces deux pays, alors que l'Allemagne (qui a la meilleure signature) ne payait que 2,7 % sur sa dette souveraine...

La restructuration des dettes souveraines en Europe : une solution inévitable et souhaitable

Sortir rapidement de la spirale récessive est une nécessité impérieuse. À court terme, cela impose d'alléger le poids du service de la dette en organisant la restructuration de celle-ci. La restructuration consiste dans le réexamen de toutes les caractéristiques du contrat d'émission de la dette souveraine. C'est une opération qui peut prendre plusieurs formes : un rééchelonnement de la dette (recul des échéances), une dispense de paiement des intérêts, ou encore une réduction de la dette elle-même (défaut).

Au début de 2011, la question n'est plus de savoir si la Grèce, l'Irlande et le Portugal – ou d'autres pays européens – devront restructurer leurs dettes : cela paraît inéluctable. Certains dirigeants européens, notamment allemands, en ont pris conscience, comme le montrent les décisions du Conseil européen (voir plus loin); cela revient à admettre que les créanciers devront être mis à contribution. La vraie question est désormais de savoir si cette restructuration aura lieu en fonction de l'intérêt des populations ou sera négociée selon le bon vouloir de l'industrie financière.

Trois séries d'arguments peuvent être avancés en faveur (ou à l'encontre) de la restructuration des dettes souveraines.

1. Le caractère illégitime de la dette. La hausse brutale des dettes souveraines a pour origine la crise financière, dont les causes sont la spéculation et les prises de risque excessives de la part des acteurs financiers. La gestion de la crise par les gouvernements en 2008-2009 a consisté pour l'essentiel à substituer de la dette publique à de la dette privée afin d'assurer la survie du système bancaire. On peut également ajouter, notamment dans le cas de la France, qu'une partie importante de la dette publique antérieure à la crise a pour origine les exonérations fiscales (baisses d'impôts et de cotisations, dont le coût budgétaire est estimé à 100 milliards d'euros par an) en faveur des détenteurs du capital et des classes sociales les plus favorisées (bouclier fiscal) [1]. Pour ces différen-

1. Muriel Pucci et Bruno Tinel, «Réduction d'impôt et dette publique : un lien à ne pas occulter», *Revue de l'OFCE*, n° 116, janvier 2011.

Faut-il restructurer les dettes souveraines européennes ?

tes raisons, une part importante des dettes souveraines peut être considérée comme illégitime : l'immense majorité des citoyens n'a pas à en subir le coût. Au contraire, il apparaît légitime que les créanciers – c'est-à-dire les détenteurs du capital financier – supportent une part du fardeau de l'apurement de dettes souveraines dont ils sont largement responsables.

De ce point de vue, un précédent crucial a été créé par le référendum organisé en Islande le 6 mars 2010, au terme duquel les citoyens de ce pays ont refusé à plus de 93,5 % de rembourser la dette contractée par leurs banques [1]. Il montre que, lorsque les citoyens d'un pays surendetté sont consultés, ils ne se considèrent pas comme redevables d'une dette (privée ou publique) causée par la spéculation et les prises de risque insensées de banquiers prédateurs poursuivant leurs intérêts particuliers.

2. Les enseignements des précédentes expériences de restructuration des dettes. Les économistes opposés à la restructuration des dettes souveraines font valoir que cette politique est dangereuse et contre-productive car, entamant la confiance des marchés dans les pays

1. Jean Tosti, «Quand l'Islande réinvente la démocratie», CADTM, 16 décembre 2010 :
http://www.cadtm.org/Quand-l-Islande-reinvente-la.
Voir aussi Benjamin Coriat et Christopher Lantenois, «Crise, faillite et défaut : économie et politique de la restructuration de la dette islandaise», *supra*, p. 109.

dont la dette est restructurée, elle ferme l'accès de ces pays aux marchés ou, au mieux, entraîne le paiement de primes de risque plus élevées sur la dette future. Or l'analyse des expériences antérieures de restructuration conduit à des conclusions différentes. Le traitement de la dette souveraine des pays en développement dans les années 1980 montre (a) l'échec des politiques d'austérité menées notamment dans le cadre des plans d'ajustement structurels imposés par le FMI et (b) la coïncidence entre la fin de la récession (particulièrement en Amérique latine) et la mise en œuvre de programmes de réduction de la dette (plan Brady de 1989). Bien sûr, cette appréciation positive du plan Brady doit être nuancée par le fait qu'il a été accompagné de mesures de libéralisation dans l'esprit du consensus de Washington, qui ont eu par ailleurs des effets pervers.

L'expérience de l'Islande doit être mobilisée à nouveau pour être comparée à celle de l'Irlande. Les deux pays, de taille modeste, ont vécu une crise bancaire d'une ampleur inégalée. Mais ils ont réagi de façon opposée. Le Tigre celtique a choisi de soutenir ses banques à 100 %. Résultat : les contribuables doivent payer l'essentiel de la facture de la crise *via* un plan de rigueur sans précédent. L'Islande a quant à elle décidé de faire payer une partie de la facture aux créanciers des établissements financiers. Elle a par ailleurs dévalué sa monnaie et combattu la fuite des investisseurs en contrôlant les entrées et sorties de capitaux. Aujourd'hui, la petite île

Faut-il restructurer les dettes souveraines européennes ?

arctique semble avoir en partie maîtrisé sa sortie de crise : son taux de chômage reste en deçà de 8 % et son déficit public se limitera à 6,3 % en 2010, contre plus de 30 % en Irlande à cause du sauvetage des banques. L'Islande a vu ses taux d'intérêt baisser et elle se finance désormais à des conditions beaucoup moins pénalisantes que l'Irlande : la prime de risque (*spread*) que lui font payer les marchés était deux fois moindre que celle de l'Irlande à la fin de 2010. Pourtant, parmi les pays du Nord en difficulté – Irlande, Estonie, Lettonie –, l'Islande est celle qui, de loin, a enregistré les plus gros excès en termes de dette. Mais, grâce aux effets positifs de la dévaluation et de la restructuration des dettes bancaires, elle s'en sort mieux que les autres.

3. Le risque d'une nouvelle crise bancaire. Les banques européennes détiennent une part importante de la dette souveraine de la zone euro ; par exemple, à la fin de 2009, les créances consolidées des banques françaises et allemandes à l'égard des quatre membres les plus vulnérables de la zone représentaient respectivement 16 % et 15 % des PIB français et allemand. Pour l'ensemble des banques européennes, les créances se montaient à 14 % du PIB de l'Union[1]. Les données disponibles montrent que les banques européennes, françaises et allemandes en particulier ont été les

1. Martin Wolf, « Le scénario du défaut », *Le Monde de l'économie*, 14 décembre 2010.

principaux acteurs de la spéculation à l'encontre de la Grèce et de l'Irlande, ce qui explique le titre de l'article de Jean Quatremer publié par *Libération* le 27 novembre 2010 : «Dettes : la zone euro rongée de l'intérieur».

Il est objecté par certains qu'une restructuration de la dette fragiliserait les banques européennes, à commencer par les banques françaises et allemandes, ce qui pourrait déboucher sur une nouvelle crise bancaire. C'est oublier que la dévalorisation de la dette devrait déjà être en grande partie dans les bilans des banques du fait de la hausse des primes de risque, et que les banques ont dû provisionner les pertes d'une fraction de leurs créances. Or on constate que, en 2010, les banques françaises et allemandes ont affiché des profits élevés et en forte augmentation, ce qui suggère qu'elles auraient déjà absorbé l'essentiel de cette dépréciation de leurs créances... De plus, en permettant des gains de croissance du fait de l'atténuation de la rigueur des politiques d'austérité, la restructuration entraînera une réduction des provisions pour créances douteuses. La détérioration de la solidité financière des banques n'est donc pas *a priori* un argument décisif à l'encontre de la stratégie de restructuration des dettes souveraines[1]. Toutefois, on ne peut exclure que certaines banques

1. Michel Fried, «La difficile gestation d'une solution à la crise de la dette souveraine des pays de la zone euro», *Lasaire Eco*, 16 décembre 2010.

Faut-il restructurer les dettes souveraines européennes ?

soient déstabilisées par les pertes qu'occasionneraient les opérations de restructuration. Dans cette éventualité, la réponse doit être la suivante :

1. recapitalisation sur fonds publics et nationalisation des banques en difficulté ; cette nationalisation sera d'autant plus justifiée que les banques les plus fragilisées seront également celles qui ont le plus spéculé contre les dettes souveraines ;

2. financement par la création monétaire de la Banque centrale européenne des dépenses publiques supplémentaires occasionnées par la recapitalisation des banques en difficulté ; ce financement monétaire évitera une augmentation de la charge de la dette publique liée aux nationalisations. L'intervention de la BCE apparaît justifiée car l'une des fonctions de cette dernière est d'assurer la stabilité du système bancaire en tant que prêteur en dernier ressort.

Gestion dangereuse de la crise de la dette par les autorités européennes

La crise de la dette souveraine des pays les plus endettés de la zone euro a commencé en décembre 2009, lorsque les marchés ont spéculé contre la dette grecque après que celle-ci a été « mise sous surveillance avec implication négative » par les agences de notation. Le moins que l'on puisse dire est que la gestion de cette

crise de la dette par les autorités européennes a été hési-
tante et incohérente... Après s'être refusés à intervenir
pour soutenir la Grèce au nom du principe du « *no bail-
out*» (pas de sauvetage d'un pays par les autres membres
de l'Union) inscrit dans les traités européens (article 125
du traité de Lisbonne), les gouvernements européens se
sont résolus, lors du Conseil européen du 9 mai 2010,
à mettre en place un dispositif provisoire de gestion
de la dette grecque d'abord, puis de la dette irlandaise.
Ce dispositif prévoit la création du Fonds européen de
stabilisation financière, doté de 440 milliards d'euros
et destiné à financer les pays en difficulté. Les aides
dureront trois ans et sont conditionnées à la mise en
place par les pays concernés de programmes d'austérité censés restaurer leur solvabilité. La possibilité de
restructurer les dettes souveraines ne fait pas partie des
options de ce premier mécanisme de sauvetage.

Ce dispositif a échoué dans son objectif premier, qui
était de «rassurer les marchés». La défiance des marchés
a persisté à l'égard des pays de la zone euro considérés
comme les plus fragiles, qui ont continué de payer des
primes de risque élevées.

Dans ce contexte, un nouveau dispositif a été acté lors
du Conseil européen du 28 novembre 2010. L'objectif
est d'élaborer une stratégie pérenne de résorption des
crises de la dette souveraine. Cette stratégie s'appuie sur
deux piliers : un fonds d'aide aux pays en difficulté et la
possibilité de restructurer leurs dettes. Désormais, est

Faut-il restructurer les dettes souveraines européennes ?

admise l'éventualité d'une restructuration de la dette souveraine d'un pays émise à partir de 2013 (à l'échéance du premier dispositif). C'est cette remise en cause de la garantie sur les dettes souveraines futures dans la zone euro qui a déclenché la spéculation contre la dette irlandaise en novembre 2010.

Ce nouveau dispositif de gestion des dettes souveraines n'est ni soutenable ni acceptable. En premier lieu, la possibilité d'une restructuration des dettes souveraines à partir de 2013, reconnue par les autorités européennes, contribue dans les esprits à rendre celle-ci inéluctable. Une telle perspective est intenable, car elle renforce la défiance des marchés et entraîne un risque de contagion des attaques spéculatives à l'encontre des pays considérés comme les plus fragiles.

Pour une restructuration immédiate des dettes souveraines des pays les plus fragiles

La solution est donc de restructurer immédiatement, sans attendre 2013, et d'un coup, les dettes des États les plus fragilisés – la Grèce, l'Irlande, le Portugal –, comme le font remarquer un nombre croissant d'économistes [1].

1. Daniel Gros, «Il faut restructurer toutes les dettes d'un coup, pour éviter la contagion», *Le Monde de l'économie*, 21 décembre 2010.

20 ANS D'AVEUGLEMENT

Cette restructuration devra agir sur trois leviers. D'abord, un rééchelonnement de la dette, c'est-à-dire l'allongement de la période de remboursement ; ainsi, les dettes à 10 ans devront passer à 15 ou 20, voire 30 ans. Ensuite, les taux d'intérêt devront être révisés à la baisse, par exemple être ramenés à 3,5 % (au lieu de 9 % à 12 %), c'est-à-dire au niveau des taux d'intérêt sur la dette française et allemande. Enfin, le montant global de la dette de chaque pays concerné devra être fortement réduit. D'après certaines estimations, en l'absence de restructuration, la dette souveraine de la Grèce et de l'Irlande pourrait atteindre respectivement 165 % et 125 % du PIB pour ces deux pays en 2015. Cela n'est pas soutenable, car cela impliquerait la poursuite des politiques d'austérité au-delà de 2015. Si l'on considère que le niveau soutenable de la dette est de 80 % du PIB, il faudra réduire de moitié le montant de la dette grecque, et d'un tiers le montant de la dette irlandaise[1].

Cette réduction est politiquement justifiée, car elle permet de solder la hausse de la dette due aux réductions d'impôts pour les classes aisées, au plan de sauvetage des banques et à la récession provoquée par la crise financière. Conformément aux propositions des Économistes atterrés, les pays endettés devront procéder à une réforme fiscale en augmentant la fiscalité sur

---

1. « The Euro Crisis : Time for Plan B », *The Economist*, 15 au 15 janvier 2011.

Faut-il restructurer les dettes souveraines européennes ?

les entreprises, sur l'ensemble des revenus financiers, des patrimoines et des hauts revenus[1]. Cela permettra de réduire les déficits et de stabiliser la dette publique.

Pour l'Irlande, cela implique de renoncer à pratiquer le dumping fiscal au sein de l'Union européenne et de remonter le niveau actuel scandaleusement bas du taux d'imposition sur les sociétés (12,5 %). Dans le cas de la Grèce, où une partie importante des revenus les plus élevés échappe actuellement à l'impôt, ce qui constitue un manque à gagner considérable pour l'État, il est nécessaire de fiscaliser l'ensemble des revenus. Une fois la dette restructurée et stabilisée par les mesures précédentes dans les pays aujourd'hui les plus endettés, les pays de l'Union européenne devront se porter collectivement garants de la dette de chacun des États de la zone, de manière à éliminer la pression des marchés.

Pour la création d'un tribunal européen des dettes

La deuxième critique que l'on peut adresser au nouveau dispositif européen du 28 novembre 2010 est qu'il a choisi la procédure des « clauses d'action collective » pour définir les modalités des restructurations futures. Ces clauses, qui devront être insérées

---

1. Communiqué des Économistes atterrés, 18 décembre 2010, http://atterres.org.

dans tous les contrats d'émission de dette à partir de 2013, prévoient le principe d'un accord entre tous les créanciers aux termes duquel ils accepteront de n'être remboursés que partiellement en cas de défaut ; si un tel accord se révèle impossible, les parties vont au procès. Cette procédure contractuelle n'est pas acceptable, car elle crée une incertitude sur la bonne fin de l'opération de restructuration, et elle ne garantit pas un équilibre satisfaisant entre les intérêts des populations des pays émetteurs et ceux des créanciers. Une meilleure solution est la création d'un tribunal des dettes souveraines [1], dans lequel seraient représentés les créanciers et les débiteurs. Certains économistes proches du FMI et de la Commission européenne proposent de créer à cet effet une chambre spéciale de la Cour européenne de justice [2]. Quand on connaît la teneur des arrêts que rend cette dernière en matière de droit du travail, on ne peut qu'être réservé sur cette idée : la Cour s'appuie en effet sur les traités, qui accordent la prééminence au droit de la concurrence et à l'égalité de traitement

1. Les autorités internationales utilisent la notion de « tribunal des faillites souveraines ». Mais cette expression est un oxymore : les États peuvent faire défaut sur une partie de leur dette, mais ne peuvent pas faire faillite au sens du droit privé, qui implique la disparition du débiteur insolvable.

2. F. Gianviti, A. Krueger, J. Pisani-Ferry, A. Sapir, J. von Hagen, « A European Mechanism for Sovereign Debt Crisis Resolution : A Proposal », Bruegel, Bruxelles, novembre 2010.

Faut-il restructurer les dettes souveraines européennes ?

entre les créanciers, alors qu'il faudrait différencier les solutions selon la nature des créanciers. Une proposition plus satisfaisante est de demander la création d'un tribunal européen de la dette, constitué par les pouvoirs publics et les organisations de la société civile, s'appuyant sur un audit citoyen et contradictoire des dettes publiques. Le mérite de cette procédure serait de pouvoir être enclenchée par les mouvements sociaux.

La restructuration des dettes souveraines : nécessaire, mais insuffisante

La restructuration des dettes souveraines apparaît donc inéluctable et pourrait contribuer à casser la spirale de la récession et du chômage dans laquelle l'Europe s'est engagée. Mais si les opérations de restructuration sont nécessaires à court terme, elles ne seront pas suffisantes pour sortir de la crise et reconstruire l'Union européenne sur de nouvelles bases. Ces opérations, pour porter leurs fruits et libérer les États de la tutelle des marchés, devront s'inscrire dans le cadre d'une rénovation des politiques européennes autour de trois axes principaux.

1. Le financement d'une partie de la dette publique par la banque centrale : les statuts de la BCE (article 21, et article 123 du traité de Lisbonne) lui interdisent en principe de financer les États en effectuant de la création monétaire.

Pourtant, à deux reprises, la BCE a enfreint cette règle pour faire face à la crise de la dette souveraine dans la zone euro. Dès mai 2010, comme la Fed (la banque centrale américaine), la BCE a entrepris de racheter les obligations souveraines des pays de la zone euro les plus endettés afin de contrer, avec un succès limité, l'envolée des primes de risque. À ces mesures «non conventionnelles», qui avaient attiré les critiques virulentes du banquier central allemand Axel Weber [1], s'est ajouté un autre revirement doctrinal de la BCE : alors qu'en janvier 2010 Jean-Claude Trichet avait déclaré qu'il n'assouplirait pas les exigences de qualité (notation) des titres qu'il acceptait en garantie (collatérale) pour fournir aux banques des liquidités, il annonce en mai 2010 que, «jusqu'à nouvel ordre», le seuil minimal de notation des titres admis par la BCE est supprimé…

La première leçon qui se dégage des épisodes précédents est que, parallèlement aux opérations de restructuration, la création monétaire par la BCE est nécessaire pour faciliter la gestion de la crise de la dette souveraine dans la zone euro.

Une deuxième leçon est que les statuts de la BCE sont trop rigides et aujourd'hui dépassés. Non seulement la BCE doit financer les banques en difficulté dans son rôle

---

1. Axel Weber a dû démissionner de son poste.

Faut-il restructurer les dettes souveraines européennes ?

de «prêteur en dernier ressort», mais elle doit également assurer désormais le bouclage du marché de la dette publique en tant que «payeur en dernier ressort». Cette brèche dans l'application des statuts de la BCE laissera des traces après la crise : à l'avenir, le principe devra être posé (voire imposé) selon lequel le financement des déficits publics doit être en partie assuré par la BCE, en fonction des objectifs économiques, sociaux et environnementaux, et dans le respect des contraintes de stabilité monétaire et financière.

Une dernière leçon de la crise de la dette souveraine est que, contrairement à ce que laissent entendre les institutions internationales et le discours dominant des économistes, un État ne peut pas faire faillite au sens du droit privé. En effet, contrairement à une entreprise, qui peut être amenée à disparaître en raison de son insolvabilité, un État dispose de deux moyens pour faire face à une situation de déficit et de dette excessifs : recourir à la création monétaire et lever des impôts.

2. Désarmer les marchés : chercher à «rassurer» les marchés est une politique vouée à l'échec. Aucune des mesures prises dans ce but depuis le début de la crise n'a réussi, qu'il s'agisse des programmes d'austérité, pourtant exigés par les marchés, ou des dispositifs de gestion de la crise de la dette, mis en place par les autorités européennes en 2010. Ainsi, plutôt que de donner des gages aux marchés, il est nécessaire de s'attaquer au pouvoir de la finance par tous les moyens.

Les principaux axes de cette lutte sont bien connus : lutte contre les paradis fiscaux, taxation des transactions financières, contrôle strict des *hedge funds* et des marchés de produits dérivés, création d'agences de notation publiques et indépendantes, définition de nouvelles normes comptables qui ne soient plus fondées sur les prix fondamentalement instables des marchés... Autant d'objectifs énoncés par les sommets successifs du G20 pour « réformer la finance mondiale », sans résultats significatifs !

En ce qui concerne la lutte contre la spéculation sur les marchés de la dette souveraine, trois mesures sont prioritaires :

a) l'interdiction des ventes à découvert, qui permettent de spéculer sur la baisse d'un titre en vendant à terme ce titre dont on ne dispose pas [1]. Une telle interdiction a été prise en Allemagne, mais les autorités françaises y sont opposées ;

b) la fermeture des marchés de gré à gré de produits dérivés, qui sont des marchés opaques, échappant à

---

1. La vente à découvert consiste à vendre à terme un titre que l'on ne détient pas le jour où cette vente est négociée mais que l'on se met en mesure de détenir le jour où sa livraison est prévue. Si la valeur du titre baisse après la vente à découvert, le vendeur peut racheter les titres au comptant et dégager une plus-value. Si, à l'inverse, cette valeur monte, le vendeur s'expose à un risque de perte illimitée, tandis qu'un acheteur ne peut pas perdre plus que sa mise de fonds.

Faut-il restructurer les dettes souveraines européennes ?

toute surveillance. Le principal vecteur de la spéculation contre la dette grecque a été le marché des CDS (*credit default swaps*), sortes de produits d'assurance permettant à un investisseur financier de se protéger contre le risque de non-remboursement d'un débiteur, ou, symétriquement, de spéculer sur le risque de défaut d'un emprunteur. Les autorités européennes ont une politique dangereuse et incohérente à ce sujet, car, pour des raisons idéologiques, elles ont encouragé la concurrence des marchés organisés (surveillés) par les marchés de gré à gré (*dark pools*) avec la directive MIF (Marchés d'instruments financiers). Plus récemment, à la suite de la crise, ces autorités ont mis en chantier une nouvelle directive qui vise à inciter les opérateurs sur les marchés de gré à gré à s'enregistrer auprès de chambres de compensation, ce qui ne remet pas en cause l'existence de tels marchés.

c) l'application de règles strictes aux agences de notation et la création d'une agence publique européenne. Les agences de notation ont une part importante de responsabilité dans le déroulement de la crise des dettes souveraines en Europe. En dégradant brutalement, de manière excessive, la notation des dettes souveraines, elles ont déclenché des mouvements de panique et de spéculation sur les marchés et mis en danger la stabilité de l'ensemble de la zone euro. Les autorités européennes ont décidé en décembre 2010 de placer les agences de notation sous la tutelle de l'ESMA

(European Securities and Markets Authority), l'une des autorités paneuropéennes qui doivent débuter leur activité en 2011 dans le cadre de la nouvelle architecture de supervision financière de l'Europe. Cette décision est insuffisante, car elle ne remet pas en cause la logique purement financière des agences de notation. La décision qui s'impose, mais qui n'a pas été retenue, est la création d'une agence de notation publique européenne, fonctiònnant selon des normes objectives et différentes des agences privées.

3. Transformer la logique et le cadre des politiques économiques dans l'Union européenne. Il est clair que la sortie de crise et, au-delà, la survie de la construction européenne passent par une nouvelle conception des politiques économiques au sein de l'Union, tant au niveau de leur organisation que de leurs instruments et de leurs finalités. Le principe de coordination fondé sur la solidarité des pays membres doit l'emporter sur le principe de coordination par la concurrence des États, baptisé Méthode ouverte de coordination (MOC). Cette conception néolibérale de la gouvernance européenne, qui a inspiré le Pacte de stabilité et de croissance, a été un échec face à la crise. La mise en place de politiques budgétaires et fiscales européennes coordonnées et communes – au niveau des États comme au niveau de l'Union – est une nécessité à moyen terme pour contrebalancer le poids exorbitant de la politique monétaire unique et

Faut-il restructurer les dettes souveraines européennes ?

favoriser un *policy mix* à l'échelle européenne. L'un des enjeux est d'organiser la solidarité entre les pays de la zone euro en acceptant des transferts de ressources provisoires des pays les plus riches vers les pays les plus endettés. Cette stratégie devrait s'imposer dans une zone monétaire dont les membres présentent des caractéristiques hétérogènes et sont donc en proie à des chocs asymétriques. Les politiques budgétaires et fiscales sont l'instrument le plus efficace pour faire face à ces asymétries. En revanche, la politique monétaire unique, commune à toute la zone, n'est pas adaptée à cette stratégie. De même, on peut s'interroger sur l'efficacité d'une politique financière commune à l'ensemble de la zone euro pour mutualiser les risques. Ainsi, la création d'obligations européennes pour réduire les coûts du financement des pays les plus endettés ne changera pas la perception des risques par les investisseurs et ne relâchera donc pas la pression des marchés. L'incertitude subsistera toujours sur l'acceptation par l'opinion publique (en Allemagne, par exemple) de cette solidarité européenne qui ne met pas les spéculateurs à contribution mais se met au contraire à leur service. Les marchés ne cesseront pas de tester la crédibilité et la solidité de ce dispositif. On peut penser que les primes de risque sur les *eurobonds* resteront importantes tant que la restructuration de la dette souveraine des pays les plus endettés de la zone euro n'aura pas été menée à bien. Tel ne serait pas

le cas, en revanche, de l'émission d'*eurobonds* pour
financer des grands projets paneuropéens innovants,
tels que le ferroutage ou le développement de nouvelles sources d'énergie renouvelable sur l'espace européen. Une telle politique contribuerait à jeter les bases
d'une Europe écologique et solidaire.

Table

INTRODUCTION
Réforme du traité
Une Europe plus solidaire… avec les marchés ?   5

Crise de la zone euro
Il est urgent de changer d'Europe
Henri STERDYNIAK   21

La crise irlandaise
Emblème et symbole de la finance dérégulée
Benjamin CORIAT   92

Crise, faillite et défaut
*Économie et politique de la restructuration
de la dette islandaise*
Benjamin CORIAT, Christopher LANTENOIS   109
ANNEXES   147

Faut-il restructurer
les dettes souveraines européennes ?
Dominique PLIHON   153

Composé par Anne Bouclier (Atelier In Folio)

Achevé d'imprimer en mai 2011
par Normandie Roto Impressions s.a.s. 61250 Lonrai
Dépôt légal : mai 2011
n° d'impression : 112191
Imprimé en France